国家出版基金项目
新闻出版总署社会主义核心价值体系建设“双百”出版工程重点出版物

为什么要信仰共产主义

王向明●著

中国人民大学出版社
·北京·

目录
contents

第一章

什么是理想信念

一部人类的文明史，已经无数次地用事实证明，科学的信念和崇高的理想，永远是照耀人类历史前进的灯塔和不竭的智慧源泉。

人类社会从远古走到今天，从荒蛮走向文明，经历了种种难以想象的苦难——滔天的洪水、肆虐的瘟疫、无边的饥荒、残酷的战争……是怎样的力量支撑着人类不屈的坚韧？是怎样的信念鼓舞着人类顽强地奋斗？英国思想家伯特兰·罗素在他的《自由之路》中一段充满激情的话语或许能够为我们找到答案：“在漫漫的黑夜中，人们渴望一座光明灯塔的指引，这就是明确的信仰、基础稳固的希望以及由此产生的能够超越一切险阻的沉稳的勇气。”① 一部人类的文明史，已经无数次地用事实证明，科学的信念和崇高的理想，永远是照耀人类历史前进的灯塔和不竭的智慧源泉。

一、理想与信念

1. 理想与信念的含义

当浓重的暮色吞噬最后一缕阳光的时候，我们知道那灿烂光焰的太阳还将升起在明天的清晨；当寒风吹落了秋日最后一片树叶的时候，我们确信来年的春天这里仍将是万紫千红、绿叶婆娑；——这，就是我们对信念的最初的理解。

当我们小心翼翼地在沙地里种下一株小树苗，每天都辛勤地给它浇水，我们盼望着它和它的伙伴们能快快长大成林，挡住那肆虐的沙尘；当风雨中我们走在崎岖山道的上学路上时，心底升起了一个誓言：一定要用科学和知识改变家乡的贫穷和落后；——这，就是我们对理想的最初的诠释。

的确，理想信念并不是一个远离我们的高深的理论概念，它就根植于人类社会生活的实践土壤，时时萌动在我们生命激情的胸怀中。

追溯理想的由来，人类在改造客观世界和主观世界的实践活动

① ［英］罗素：《自由之路》，381 页，北京，文化艺术出版社，1998。

中，不仅要努力满足眼前的物质精神需要，而且在永无止境的实践过程中，也会产生出对未来长远的生产生活目标和物质精神需要的追求和憧憬，这种人们在实践中形成的具有现实可能性的对未来社会和自身发展的向往和追求，就是理想。而人们在一定认识基础上确立的对某种理想、观念或现实存在所抱有的深刻信任感的精神状态，即对某种理想、理论或观念的真理性以及某种实践行为的正确性的内在确信，就是信念。当信念一旦成为人们带有总体性、普遍性的观念和态度时，信念就成为信仰——一种更具普遍性的最高（或极高）价值的信念。

历史唯物主义认为，理想信念作为人们的世界观、人生观和价值观在奋斗目标上的集中体现，从来都是一种能动地作用于人类社会历史进程的巨大力量。人类社会的进步发展，固然都是生产力和生产关系、经济基础和上层建筑矛盾运动的结果，然而又都不是自发盲目的历史进程，而是人们在一定的时代条件下、依靠一定的理想信念进行的有意识有目的的能动活动所创造的历史。

翻开人类几千年的历史长卷，自从进入阶级社会以来，从产生了人压迫人、人剥削人的现象以来，反抗压迫、争取自由的信念就深深扎根于人们的心底；正是在这样的信念支撑下，人们从未停止过对平等、公正等社会理想的追求。角斗士斯巴达克斯的怒吼，震撼了古罗马帝国的宫殿；陈胜、吴广的起义，使秦始皇千秋伟业的梦想二世而亡；五百年前英国的空想社会主义思想家托马斯·莫尔的“乌托邦”，掷出了对资本主义剥削制度第一把愤怒的投枪；《共产党宣言》的发表，揭示了人类社会发展的规律，提出了社会主义的科学理想，开创了人类进步的新纪元……古往今来，无数的仁人志士正是以这种“为有牺牲多壮志，敢教日月换新天”的豪情，前赴后继、英勇奋斗，才使得人类社会从远古走到今天、从荒蛮走向文明。①

---

① 参见王向明：《我们的旗帜是共产主义》，载《中国人民大学学报》，2001－04－30。

回想十月革命胜利时，当时俄国才只有不到20万布尔什维克党党员，却在列宁的领导下，成功地进行了十月革命，建立了世界上第一个社会主义国家——苏维埃俄国。在第二次世界大战期间，不到300万人的苏联共产党人在斯大林领导下，成功地进行了卫国战争，为世界反法西斯战争的胜利作出了决定性的贡献。斯大林在谈到党的这种特别能战斗的属性时，曾说过一句名言，共产党人都是由特殊材料制成的。这种“特殊材料”就是共产党人坚定的理想信念。一部《钢铁是怎样炼成的》就是这一历史时期苏联人民为社会主义理想英勇奋斗的真实写照，也是对理想信念巨大作用的生动诠释。

一部中国革命的奋斗史，也是一曲理想信念的赞歌，没有革命的理想信念，就不可能有中国革命的成功。邓小平曾多次强调这一点，他指出：“光靠物质条件，我们的革命和建设都不可能胜利。过去我们党无论怎样弱小，无论遇到什么困难，一直有强大的战斗力，因为我们有马克思主义和共产主义的信念。”① 为此，邓小平把我们对青年一代的教育目标明确地规定为培养“有理想、有道德、有文化、有纪律”的社会主义接班人和建设者，他多次语重心长地告诫全党：“我们多年奋斗就是为了共产主义，我们的信念理想就是要搞共产主义。在我们最困难的时期，共产主义的理想是我们的精神支柱，多少人牺牲就是为了实现这个理想。”② 所以，“我们一定要经常教育我们的人民，尤其是我们的青年，要有理想”③。

从本质上讲，理想和信念都是人类在社会实践基础上产生的一种特殊的社会意识和精神现象。理想和信念仿佛是一对难以分割的孪生子。理想是一面旗帜，引领着人们前进的方向；信念则犹如旗杆，支撑着旗帜的飘扬。信念越坚定，追求理想的动力就越强大；理想越具有现实的科学性，信念也越坚定；二者相辅相成、相互依

① 《邓小平文选》，1版，第3卷，144页，北京，人民出版社，1993。

② 同上书，137页。

③ 同上书，110页。

存。在许多时候，理想亦是信念，信念亦是理想。当理想作为信念时，它是指人们对目标追求的坚定不移；当信念作为理想时，它是人们深信不疑的目标追求。但相对而言，理想主要是面向未来，为人们的行动指明方向；信念则主要是面对现实，为人们的行动提供精神支持。

2. 理想的特征

人总是要有一点精神的，理想信念正是一种巨大的精神力量。科学的信念和崇高的理想为人生的发展提供着不竭的动力，是每一个人特别是青年人成长和成材的力量之源。正确认识理想信念的基本内涵和特征，就能站在信念之巅，让理想灯塔的无尽光芒照亮人生前程。

（1）理想的超前性。

人类社会总是在有所发现、有所发明、有所创造中从低级到高级地向前发展；人类总是试图超越已经实现的目标。理想来源于现实，更是对已有社会形式发展前景的构想和预见，也是对人生发展的未来目标的设定。它是人们在对现实社会的认识基础上，以期望或预想的形式反映未来，因而在一定程度上又是对现实生活的超越。如果说现实是今天的土壤，理想就是将在明天从土壤中开出的花朵。理想所描绘的不是现状，而是与奋斗目标相联系的未来，它能够引导和激励人们驾驶人生之舟，在风浪搏击中为划向理想的彼岸而奋斗。

（2）理想的实践性。

理想是破浪的风帆，而风帆只有挂上桅杆才能鼓风远航；再美好的理想不付诸行动，就永远只能是海市蜃楼般的幻想。理想不但是对未来目标的一种期望，而且是一个包括理想的形成和确立、理想的追求和实现的完整过程。理想之所以能够成为一种推动人生实践以创造美好社会生活的巨大力量，就是由于它具有实践性，而不是纸上谈兵。理想的实践性包含两个方面的含义：一方面，理想是人们从事一定的社会实践的产物；另一方面，理想必须通过人们的实践活动才能实现。实践产生理想，理想付诸实践，实践产生更高层次的理想——理想在实践中如此不断循环、不断升华，昭示着人们立足现实，着眼未来，在奋斗中追求，在追求中奋斗。

（3）理想的时代性。

马克思主义从来认为，人不可能是孤立于社会和历史之外的抽象的存在；社会和历史也不是与人对立的孤立的抽象物。社会是人的社会，是人的存在与活动的方式和产物；历史总是人在一定的社会条件下创造的。因而，人生理想不是与生俱来的，也不是从天而降的，归根到底是一定的时代条件下社会经济政治关系的产物，必然带着特定历史时代的烙印，在阶级社会中，还必然带着特定阶级的烙印。生产力发展水平不同，社会实践的深度和广度不同，所处的社会经济政治关系不同，人生的理想也就不同。理想的时代性，不仅体现在它受着时代条件的制约，而且体现在它因时代的发展而发展。随着社会的进步，随着人类对社会发展规律和人的全面发展规律的认识的逐步深化，人们也会不断地调整、丰富和发展自己的理想。

（4）理想的多样性。

在丰富的社会生活中盛开的理想之花是五彩缤纷的。我们对自己在生活的各个方面所设定的物质、文化、消费、婚姻等未来目标的追求，构成了我们的生活理想；从孩提时“我长大了要当什么”的憧憬，到学习生活中“时刻准备着”的期盼，直到成年后“我要成为什么”的努力，构成了我们的职业理想；我们推崇什么样的道德品质，我们期望在未来的社会中应该建立一种什么样的道德关系，希望人们达到什么样的道德水准，构成了我们的道德理想；而从根本上说，我们所追求的未来社会的发展目标（包括社会制度和经济、政治、文化及社会结构的设想）和价值认同，就构成了我们的社会理想。作为社会的现实的人，社会理想制约着个人的生活理想、职业理想和道德理想。有着崇高社会理想的人，必然会选择与社会理想相适应的生活理想、职业理想和道德理想，从而使五彩的理想之花的每一片花瓣都闪烁着太阳的色彩。

(5) 理想的现实可能性。

理想是对未来美好的向往，但这种向往或想象是以对现实客观事物发展规律的分析研究为根据，以想象的合理性和科学性为基础的。所以，理想是在社会历史发展的进程中，人的主观能动性与社会发展客观运动趋向的一致性的反映，具有实现的可能性。而违背科学性的想象却只能是一种不可能实现的空想或幻想。比如，人类向往飞上蓝天，但若依据的只是孙悟空式的七十二变，那这种向往终究只是一个美丽的神话；而依据现代科学技术和科学实践，人们不仅实现了飞翔于蓝天的理想，甚至实现了飞入太空的理想。正因为理想具有这种合乎规律的科学性，是一种经过努力可以实现的追求目标，才使得人们对理想的追求有了现实的基础和奋斗的动力。

3. 信念的特征

信念同理想一样，也是人类特有的一种精神现象，具有时代的特征和社会实践性。在一定时代的社会实践活动中，当人们确信某种思想见解或理论主张并将其付诸实践时，就表明人们形成了一定的信念。信念是对理想的支持，是人们追求理想目标的强大动力。信念一旦形成，就会使人坚贞不屈、百折不挠地追求理想目标。

第一，信念具有稳定性。信念是在人生实践中逐步形成的，其中积淀了一个人多年的生活经验，包含了社会环境对他的长期影响。一定的思想观点成为一个人的信念，需要感情上的强烈支持。因此，信念具有比一般认识要高的稳定性，人们的某种信念一旦形成，就不会轻易改变。信念的稳定性也不是绝对的，科学的信念必然会随着客观实际的改变而与时俱进，不断充实、调整和完善，在现实不断变化的考验中变得更加稳定、更加坚强。脱离现实、僵化不变的信念往往是脆弱的，经不起现实变化的冲击。对已经确立的信念，人们只有经过长期的观察和反复的实践验证，确认其真正错误时才可能改变。信念的改变如同信念的确立一样，必将对一个人的思想和行为产生重大影响，因此对此必须持十分严肃和慎重的态度。

第二，信念具有坚定性。坚定性不但是指信念的稳定性，更是指具有坚定信念的人的精神状态和行为状态的稳定性。不能脱离拥有信念的人来考察信念的特点。当一个人抱有坚定的信念时，他就会全身心投入到信念所要求的事业中去，精神饱满，态度坚决，行为果断。科学信念的坚定性并不意味着迷信、盲从、狂热以至失去理智，而是清醒中的守持和冷静中的执著，是对于人生大本大源、大是大非的守持和执著。当一个人守持和执著于高尚的人生信念和理想时，就会超脱物我小利，成为心胸宽阔、乐观进取、热爱生活的人。

第三，信念具有信仰性。就信念的坚定性来看，可以在一定意义上说，信念就是信仰。科学的信仰会激励人们为真理而献身——宁死不屈；迷信的信仰，也会使人们为偶像而献身——执迷不悟。信念有不同的内涵，也有不同的层次。低层次的信念，信仰成分少，高层次的信念，信仰成分多。由于社会环境、思想观念、利益需要、人生经历和性格特征等方面的差异，不同的人会形成不同的乃至截然相反的信念。即使是同一个人，也会形成关于社会生活不同方面的许多信念，如在政治、经济、科学、道德、审美、事业、学业、生活等方面，都会形成相应的不同层次的信念。面对信念的多样性，一方面要承认这是正常现象，不宜强求一致；另一方面又要看到，在一定的社会中，人们各自的信念也有共通之处，从而形成社会的共同信念。同一个人的不同信念之间常常具有内在联系，并形成有机构成的信念体系；其中，高层次的信念决定着低层次的信念，低层次的信念服从于高层次的信念；由于最高层次的信念具有最大的统摄力，因而它代表了一个人的基本社会信仰。

二、科学的理想信念

市场经济逐渐地改变了人与人之间的关系以及社会结构，尤其是市场交易范围的不断扩大，正以前所未有的方式改变着中国。跨地区的人口流动，异地工作、生活，使社会结构发生了很大的改变。随之，人们的社会生活日益多样化，不同群体之间的利益关系日益分化，个人自主选择的空间逐渐增大，人们的价值观也呈现出多元化的趋势。在价值多元的现代社会中，个人面临着价值选择的问题。而理想信念的选择是一种更为根本、更为全面系统的价值选择，它在一系列价值选择中起着根本的核心作用。

人们能够自由地选择理想信念是一件幸福的事情，是社会进步的表现。然而这种选择要呈现出自主性，而不能采取随意、无所谓的态度。因为不同的理想信念将会导致不同的人生，决定你选择不同的人生道路。它既可以提供人生前进的动力，也可能成为人生消极低落的催化剂；它既可以带领你走向成功的彼岸，也可能使你误入人生的迷途。

需要指出的是，不能把欲望当成理想。曾经有一位都市白领来到寺庙向僧人诉说自己生活得很压抑、不幸福。僧人问道："你的理想是什么？"白领回答："成为人上人。"僧人说："这不是理想，是欲望。欲望就是你不幸福的根源。"错把欲望当理想，将理想与欲望混为一谈，无尽的欲望让生活变得黑暗。欲望是动机，理想是境界；欲望来自人性，理想源自信仰。理想和欲望只有一线之隔，却咫尺天涯。理想能使人的内心一直充实，而欲望不过是物质追求所带来的一次又一次短暂的快感。理想达成后能让内心世界富足、精神升华，欲望满足后则往往容易催生出更多的欲望，使人最后坠入无底的深渊。

人们在选择理想信念时，可以选择科学的理想信念，也可能误入错误的理想信念体系中，比如邪教和迷信团体等。在众多的信念体系中，并不是每一个信念体系都是好的。一些邪教和迷信团体，不仅对人生无益，而且往往对社会有害。它们也打着信仰的旗号，但它们就像沼泽地，人们一脚踩下去，就很难再拔出来。许多人就因为一时不慎误入邪教，进而断送了自己一生的幸福。

理想信念的确立，在于对人类自身的本质力量和生存发展方向的把握。人们的理想信念是什么，归根到底反映了人对这些事物把握的程度。恩格斯说："即使是最荒谬的迷信，其根基也是反映了人类本质的永恒本性，尽管反映得很不完备，有些歪曲"①。例如在欧洲中世纪，强烈的宗教信仰曾笼罩了一切，"但是人还是不了解，他在崇拜自己的本质，把自己的本质神化，变成一种别的本质"，因此当伴随着工业革命的新时代到来时，由于原有的"信仰逐渐削弱了，宗教随着文化的日益发展而破产了……人处于这种不自觉而又没有信仰的状态，精神上会感到空虚，他对真理、理性和大自然**必然**感到失望"②。显然，信仰也有自觉与不自觉、科学与不科学、先进与落后的区别。只有建立在科学精神基础上的信仰，才是先进的、可靠的。但信仰不像个别信念那样可以通过个别方面的实践形成和改变，它是由人们的全部社会条件、经历、知识以及能力所决定的。信仰主要受社会历史条件的制约，受社会文明的发展和传播的影响。

在理想信念的选择方面，我们应坚持以下标准：第一，要看这种信仰怎样对待理性和科学。科学的理想信念要把自己的立足点建立在理性和科学的正面价值基础上，而不是以理性和科学的局限性为出发点，去反对科学和理性。第二，要看这种信仰怎样对待现实的生活。科学的理想信念要肯定现实生活，勇于面对生活并改变生活，在现世中追求人生幸福。反之，如果一种理想信念厌弃现实生

① 《马克思恩格斯全集》，中文1版，第1卷，651页，北京，人民出版社，1956。
② 同上书，648页。

活，希望在来世追求幸福，漠视生命，那么我们就要警惕。第三，要看这种信仰怎样对待道德和精神追求。科学的理想信念要有独特的文化价值，能提升人们的精神境界，有利于人们的身心健康，并致力于对真理和价值的不懈追求。①

三、灯塔与启明星

理想信念问题既有普遍性，又有特殊性；既有群体性，又有个体性。就普遍性而言，一方面，理想信念是个人道德自律及社会、民族凝聚力的内核；另一方面，信仰危机、理想失落又是困惑当代人类的世界性难题之一，如何获得强有力的信仰力支撑，是各国共同致力加以解决的大课题。就特殊性而言，我国信仰问题的严重性和复杂性，不仅在于它已成为我国目前许多社会问题的症结所在，也不仅在于解决信仰问题似乎还缺乏有效的方式，更重要的是它始终与我们举什么旗、走什么路休戚相关。就群体性而言，信仰表现为集体的共同需要，即作为团结奋斗精神源泉的共同理想；就个体性而言，信仰则表现为个人的生命需要，即超越个体生命有限性的不朽追求。但是，从总体上说，我们今天讲中国的理想信念问题，不能脱离中国特色社会主义的大背景，不能离开当代意识形态冲突的大格局，不能将其归结为纯粹的个人事情。它对于我们国家繁荣富强和个人的健康成长均具有重要的现实意义。

1. 理想信念是照耀人类前进的灯塔

2007 年 9 月 4 日，温家宝总理在《人民日报》文艺副刊上发表了《仰望星空》一诗，诗中表达了对探求真理、正义和自由的思考，对国家民族和人类未来命运的关怀：

① 参见刘建军：《信仰的选择很重要》，载《中国教育报》，2012 - 08 - 24。

我仰望星空，
它是那样寥廓而深邃；
那无穷的真理，
让我苦苦地求索、追随。
我仰望星空，
它是那样庄严而圣洁；
那凛然的正义，
让我充满热爱、感到敬畏。
我仰望星空，
它是那样自由而宁静；
那博大的胸怀，
让我的心灵栖息、依偎。
我仰望星空，
它是那样壮丽而光辉；
那永恒的炽热，
让我心中燃起希望的烈焰、响起春雷。

温总理还特别引用了他在同济大学的演讲来介绍这首诗的内涵："一个民族有一些关注天空的人，他们才有希望；一个民族只是关心脚下的事情，那是没有未来的。"这里当然不是倡导人们关注虚无缥缈的事情，也不是倡导坐而论道的空谈清谈，而是提倡能够从整个国家民族乃至整个人类的长远利益出发，进行深刻的理论思考。

其实，"仰望星空"乃是一个典故，典出于古希腊。在古希腊时代，曾出现了一大批伟大的思想家，如亚里士多德、苏格拉底、柏拉图、赫拉克利特、毕达哥拉斯，等等，他们以自己高远而深邃的思考，提出了一系列人文的、哲学的理论论述。由于那时人类还处在一个生产力水平总体低下的时代，一般的人们对这些思想家们还不是十分理解，认为他们的所思所想过于缥缈，称他们为"仰望星空的人"，其本意是对理想信念的思考和追求，对理论的研究与创新。而这在当时其实是一个带有嘲讽意味的称谓。无独有偶，与古希腊时代大致同时，在古老的东方中国，也同样出现了一大批伟大的思想家，如老子、孔子、庄子、荀子、孟子，等等。这些伟大的思想家，同样以他们“仰望星空”的远见与卓识，为悠久的中华文明奠定了坚实的基础。

今天，当我们站在新的历史地平线上回望历史的苍穹，一个毋庸置疑的历史结论摆在我们面前，这就是，正是这些伟大思想家们的创造，极大地推进了人类文明的进步，并且时至今日依然是人类不可或缺的最宝贵的精神财富。所以，18世纪德国古典哲学的创始人康德才会意味深长地说：“有两种东西，我对它们的思考越是深沉和持久，它们在我心灵中唤起的惊奇和敬畏就会日新月异，不断增长，这就是我头上的星空和心中的道德定律。”这句话充分表达了对“仰望星空”的敬意。另一位伟大的德国古典哲学家黑格尔也由衷赞叹，如果没有这些仰望星空的思想家们以他们高远的思想光芒照亮人类两千多年的发展历程，我们可能还在黑暗中徘徊。20世纪著名的历史哲学家雅斯贝尔斯则把公元前800年到公元200年这一千年的历史发展，称为人类文明发展的“轴心期”。这些评价，都表明了深刻的理论思考、理想信念的坚守对于推动人类进步具有十分重要的作用。它引导着人类从黑暗走向光明、从野蛮走向文明。

树立科学的理想信念，对一个政党、一个国家、一个民族的生存发展和前途命运，都具有至关重要的影响和作用。理想是人们为自己确立的奋斗目标和方向。信念是人们对自己所追求的理想目标表现出来的孜孜以求、不懈奋斗的意志力。在现实生活和社会关系日趋多样化的形势下，全国各族人民要有共同的社会理想和目标，有一致的思想导向和凝聚的核心，才能团结起来，为着自己的明天去奋斗，以赢得祖国的振兴和人民的幸福。在当代中国，共产主义理想信念就是这样的思想基础和观念核心。

理想信念具有价值导向功能。共产主义理想信念是人与社会确证价值的信念，是在对自我需要与社会需要以及两者之间关系的理性认知基础上形成的一种持久的、稳定的价值认同，是意义和价值得以确证的前提，渗透着人的理智和情感的长期积淀，是一种持久的、稳定的精神支撑，是信念价值所产生的重要导向。理想信念在革命、建设和改革的伟大事业中发挥着方向引导的重要作用，是促进革命、建设、改革成功的重要思想保证。毛泽东早年就曾指出，主义譬如一面旗子，旗子立起了，大家才有所指望，才知所趋赴。中国共产党早期领导人陈独秀也曾经说过，主义制度好比行船的方向，行船不定方向，将要走到何处去？正确的理想信念，是中国共产党引导全国各族人民共同奋斗的思想旗帜，并以此动员和激励人民群众与党同心同德、英勇斗争、艰苦创业，把党和人民的事业不断推向前进。正如邓小平所说："要团结就要有共同的理想和坚定的信念。我们过去几十年艰苦奋斗，就是靠用坚定的信念把人民团结起来，为人民自己的利益而奋斗。没有这样的信念，就没有凝聚力。没有这样的信念，就没有一切。"①

理想信念具有价值凝聚功能。理想信念是凝聚人与社会共同体的精神枢纽，是社会共同文化价值观念的重要体现，引导着社会公众进行科学合理的价值判断。邓小平多次指出："我们这么大一个国家，怎样才能团结起来、组织起来呢？一靠理想，二靠纪律。组织起来就有力量。没有理想，没有纪律，就会像旧中国那样一盘散沙，那我们的革命怎么能够成功？我们的建设怎么能够成功？"② 我们的事业是具有无限光明前途的社会主义事业和共产主义事业，中国特色社会主义共同理想既是亿万人民共同奋斗的目标，又是团结和凝聚亿万人民的思想基础。有了理想信念，才能使人们认清方向、高瞻远瞩；才能使人们胸怀宽广，自觉保持高尚的道德情操，抵制各种腐朽思想的侵蚀。意大利马克思主义者安东尼奥·葛兰西把包含

① 《邓小平文选》，1版，第3卷，190页。
② 同上书，111页。

核心价值的意识形态称为“社会水泥”，他认为在保持整个社会集团的意识形态的统一中，意识形态起到了团结统一的水泥作用。这个比喻深刻地揭示了价值体系和意识形态的凝聚功能。共产主义理想信念是全体社会成员所共有的，它集中反映了全体成员的意志和愿望。所以，它有助于人们彼此之间达成认识上的一致和行动上的统一，维护民族、国家和社会的团结和稳定。

理想信念具有价值激励功能。理想信念为人与社会提供了生活的意义和价值，激励着人们对未来价值的预期和追求，是社会绝大多数人不断奋斗的精神动力。具有坚定的理想信念，是中国共产党领导中国人民战胜各种艰难险阻、夺取革命胜利的力量源泉。红军爬雪山、过草地，“万水千山只等闲”；八路军、新四军炸炮楼、反扫荡，“独有英雄驱虎豹”；人民解放军南征北战、以弱胜强，“横扫千军如卷席”，凭的就是坚定的理想信念，就是“革命理想高于天”。在改革开放和现代化建设过程中，中国共产党人自觉坚定崇高的理想信念，保持昂扬向上的精神状态，不断获得锐意进取的精神动力，为建设中国特色社会主义事业作出了重大贡献。

理想信念具有价值选择功能。理想信念为社会在多元文化发展方向中提供了选择的价值指针，从而成为民族与国家的精神支撑。一个民族、一个国家，如果没有自己的精神支柱，就会丧失民魂国魂，就会失去生命力，失去生存发展的根基和源泉。现阶段，我国各族人民的共同理想，就是在中国共产党领导下，走中国特色社会主义道路，实现中华民族的伟大复兴。突出中国特色社会主义共同理想这个主题来建设社会主义核心价值体系，对于形成中华民族奋发向上的精神力量和团结和睦的精神纽带，巩固社会和谐的思想道德基础，具有十分重要的意义。

理想信念，这是战士的灵魂。对于一个共产党人来说，如果丧失了共产主义的信念，那他就等于丧失了灵魂而只剩下了躯壳。共产主义的理想信念是中国共产党具有强大政治优势的精神力量源泉，是中国共产党人在任何情况下都“艰难奋战而不溃散”的强大精神支柱。邓小平精辟地指出：“对马克思主义的信仰，是中国革命胜利的一种精神动力。”① “为什么我们过去能在非常困难的情况下奋斗出来，战胜千难万险使革命胜利呢？就是因为我们有理想，有马克思主义信念，有共产主义信念。”② 无论斗争的环境多么残酷而艰苦，斗争的道路多么漫长而曲折，暂时的挫折以至失败多么严重，始终怀着远大的理想信念的民族，都能坚定不移地向着既定目标而奋发向前。

2. 理想信念是照亮人生前程的启明星

20 世纪 80 年代初期，我国有一部分人出现了“信仰危机”的倾向。“文革”中极左路线在人们心中留下的阴影，理想和现实之间出现的强烈反差，使人们对共产主义能否到来产生了怀疑。1980 年，《中国青年报》发表了化名“潘晓”的一位青年的来信——“人生的道路啊，怎么越走越窄”，并由此引发了一场席卷全国的“人生观大讨论”。而潘晓信中弥漫的对理想缺失的悲观以及所谓“主观为自己、客观为别人”的人生信念，对当时的青年产生了严重的消极反应。80 年代末的政治风波，以及 90 年代初的苏东风云变幻，使“信仰危机”日益凸显。

进入 21 世纪，我国改革开放进入攻坚阶段，社会矛盾逐渐增多。部分人民群众患上了“政治冷漠症”，只关心自己的利益。政治冷漠不仅会带来政治道德滑坡，还暗示着人们一种潜在的离心倾向、不信任感的加剧。针对目前面临的重大社会问题，如果缺乏全社会的参与，“沉默的大多数”太庞大，丧失自下而上的改革动力与建议，也就丧失了极其宝贵的勇气、智慧与机遇，有些重大社会问题

---

① 《邓小平文选》，1 版，第 3 卷，63 页。

② 同上书，110 页。

几乎永无解决的希望。马丁·路德·金有一句话，“无知和漠视是世界上最危险的东西”。当一个社会中的大多数人都无视理想、不关心政治的时候，那将是危险的。

对于社会主导信仰被普遍怀疑给社会带来的冲击和危害，甚至在西方国家也是同样被深刻认识和加以重视的。法国学者让-弗朗索瓦在回顾1968年以学生为主体的法国“五月风暴”给当时法国的主流意识形态造成的巨大冲击时，不无余悸地写道：“当怀疑的年代、信仰被侵蚀的年代到来的时候，受到损害的将是一种理解世界的原则和一种身份。换句话说，当信仰摇摆不定时，整个世界观和社会性结构都将崩溃。”① 理想信念对国家、对个人的作用被严重低估了。

如果说社会是大海，人生是小舟，那么理想就是引航的灯塔，信念就是推进的风帆。如果把生命的历程比作从此岸划向彼岸的一次航程，那么理想和信念就是导航的罗盘和不落的风帆。没有理想信念的人生，就像失去了方向和动力的小船，在生活的波浪中随处漂泊，甚至会沉没于急流险滩。

作为生物体的个人来说，每一个生命的开始和生命的最终结局都是一样的；但作为一个现实的社会的人，各人又会有着差别巨大的人生轨迹。决定人从生到死的生命历程是否生有意义死而无憾，关键就是看一个人有没有理想和信念，有什么样的理想和信念。每一个人在其生命的历程中，都有自己的奋斗目标，都对自己和社会的未来充满着憧憬、向往和追求。信仰作为一种理性化的形式，是人生的“主心骨”，是人的社会存在和价值实践的思想反映，反过来驱动和引导着人的价值实践，具有巨大的能动作用。人只有在某种信念指导下确立起人生的理想，有了明确追求的人生目标，人生的过程才会变得积极而有意义。反之，人生在世，如果没有理想和信

① ［法］让-弗朗索瓦：《知识分子与法兰西激情》，207页，南京，江苏人民出版社，2001。

念，失去了奋斗和追求的目标，人也就失去了前进的方向和生活的意义。

在当前改革开放和发展社会主义市场经济的条件下，我们更加需要科学的理想信念作为克服各种困难和应对各种挑战的精神动力。理想远大、信念坚定的人，认识深刻而牢固，情感炽烈而积极，意志坚定而持久，行动自觉而有力。正如胡锦涛同志在党的十八大报告中所指出的："只要我们胸怀理想、坚定信念，不动摇、不懈怠、不折腾，顽强奋斗、艰苦奋斗、不懈奋斗，就一定能在中国共产党成立一百年时全面建成小康社会，就一定能在新中国成立一百年时建成富强民主文明和谐的社会主义现代化国家。"

第二章

什么是共产主义

千百年来，无数的哲学家、经济学家和政治家们都千方百计地试图说明社会进化的规律。这一千古之谜，直到19世纪中叶，才由马克思恩格斯以他们天才的发现彻底揭穿了。《共产党宣言》的发表，犹如一道耀眼的闪电，刺破了资本主义暗夜的天穹。

一、共产主义：在争议声中茁壮成长

翻开人类几千年的历史长卷，自从进入阶级社会以来，从社会产生了人压迫人、人剥削人的现象以来，人们就从来没有停止过对平等、公正等社会理想的追求。古往今来，为了寻找指引人类社会消除阶级剥削、阶级压迫的航行灯塔，无数的仁人志士孜孜以求，锲而不舍。从朴素意义上讲，共产主义正是体现了人类对公正、平等的追求。所以，马克思的忠实学生、法国工人党领袖保尔·拉法格早就从人类追求正义的历史足迹中清晰地发现："共产主义也像世界一样，早已有之……当然，共产主义在各个时代都有它的代表者，就连资产者也把这些代表者列入人类最伟大的思想家之林（毕达哥拉斯、柏拉图、圣拉伯雷，等等）；当然，在一切革命时期——德国的宗教改革时期，英国的17世纪资产阶级大革命时期法国的18世纪资产阶级大革命时期——劳苦大众都是置身于事件的前列，并作出英勇的努力，以求实现人类始终憧憬的共产主义理想。"[①] 拉法格的这段话清楚地表明，在"共产主义"这个理论概念产生之前，人类思想的价值追求中已经蕴含了共产主义的基本理念。只是由于历史和阶级的局限，无论是起义农民理想中的"均贫富"，还是莫尔实验中的"乌托邦"，他们的社会理想蓝图只能是一种美好的空想。

马克思主义最重要的科学价值之一就在于它在人类历史上第一次对共产主义的社会理想作出了科学的论述。1845年，马克思在《关于费尔巴哈的提纲》里，精辟地表述了新世界观的一个根本原则："哲学家们只是用不同的方式**解释**世界，问题在于**改变**世界。"[②]

---

① 《拉法格文选》，上册，32页，北京，人民出版社，1985。

② 《马克思恩格斯选集》，2版，第1卷，57页，北京，人民出版社，1995。

这就言简意赅地告诉我们，马克思主义哲学和以往哲学的最大不同，就在于它的重点和方向所强调的是“如何改变世界”。马克思主义生于资本主义，却是以资本主义的批判者的形态出现的。马克思恩格斯高度评价了资产阶级在历史上起过的非常革命的作用，肯定了资本主义所创造的物质生产与生活的奇迹，但他们并没有像庸俗经济学家那样甘心充当资本主义的辩护士，而是通过“公正无私的科学探讨”，揭示了资本运动的内在矛盾及其发展演变趋势，在《共产党宣言》中对“如何改变世界”作出了明确的回应，提出了建立更具有经济合理性与价值合理性的社会形态——社会主义与共产主义的设想，这一设想也是几千年来人类理想的科学结晶。

说其科学，首先在于社会主义和共产主义的理想绝不仅是人们的一种美好愿望，而是历史发展的必然。千百年来，无数的哲学家、经济学家和政治家们都千方百计地试图说明社会进化的规律。但无论是宗教神学的“神创说”，还是唯心主义者的唯意志论，抑或是机械唯物主义者的环境决定论，等等，尽管都从不同角度试图说明社会运动变化的规律，也都在不同程度上为人类历史留下了文明进步的足迹，但却终归由于社会历史的局限和思维方法的褊狭，始终没有能够彻底拨开历史的雾霭。这一千古之谜，直到 19 世纪中叶，才由马克思恩格斯以他们天才的发现彻底揭穿了。

1848 年，正当欧洲的资产阶级还在为他们建立的所谓“永恒合理”的资本主义社会举杯相庆的时候，尚不足而立之年的马克思恩格斯却毅然决然地向全世界宣告：“资产阶级的灭亡和无产阶级的胜利是同样不可避免的。”[①]《共产党宣言》的发表，犹如一道耀眼的闪电，刺破了资本主义暗夜的天穹。马克思恩格斯第一次揭示了社会发展的内在机制，即社会基本矛盾的运动是推动社会发展的基本动力。而在现实的资本主义社会中，生产的社会化和生产资料的私人

① 《马克思恩格斯选集》，2 版，第 1 卷，284 页。

占有之间的矛盾最终必然导致资本主义的生产关系被打破，而代之以能够适应社会化大生产的社会主义的生产关系。只有在社会主义公有制的基础之上，才能彻底打破千百年来人剥削人的社会秩序，才能真正实现人与人之间的平等和公正。同时，他们还指出以每个人的全面而自由的发展为终极目标的共产主义社会，是人类文明发展的最科学、最合理的理想境界，是人类社会发展的必然趋势。

在马克思主义科学理想的指引下，全世界的无产阶级为了推翻资产阶级的统治、从而建立社会主义制度，进行了不屈不挠的斗争。终于，随着“阿尔芙乐”号巡洋舰的隆隆炮声，列宁领导的俄国十月革命取得了胜利，人类历史上第一个崭新的社会主义国家出现在历史的地平线上。而中国革命的成功，更是深刻地改变了20世纪世界的政治和经济格局。

马克思主义科学理想的这种强大力量，甚至连一些西方资产阶级政治家也无法否认。尼克松在《1999・不战而胜》一书中，一方面污蔑社会主义是“极权主义”，另一方面却不得不悻悻地承认：“极权共产主义在本世纪初还只是一个策划于密室之中的阴谋，而现在已经统治世界人口的35%。”“20世纪最重大的事态发展不是殖民主义宣告结束和民主大踏步前进，而是极权共产主义的崛起。”[①] 即使在苏东剧变后，对福山提出的“历史终结”的观点，尼克松也不以为然，认为这显然是“浅薄”和“无知”的。

不错，在20世纪末，社会主义的确遭到了重大的挫折，马克思主义的传播也确实遇到了困难，但社会主义的理想信念、马克思主义的真理是永远都不会泯灭的。从现实讲，时至今日，人类追求正义、公正、平等的任务远远没有终结。科学技术的进步和资本主义的发展，一方面确实给人们展现了一个繁荣的世界，但另一方面也把人对人的压迫与剥削推到了极致，并且随着所谓的经济全球化，

---

① ［美］尼克松：《1999・不战而胜》，5页，北京，世界知识出版社，1989。

随着美国等少数西方发达国家霸权主义的日益膨胀，使得经济、政治、文化的不平等也日益全球化。全球化并没有走向世界大同，并没有使“四海之内皆兄弟”，相反，它加重了国家内部以及国与国之间的经济、政治与文化的不平等。全球化造成了“赢者通吃的社会”，它使“全世界大多数人被边缘化，包括许多生活在中心社会的人”①。全球化产生了新的利益格局与分配规则，扩大了利益与财富的不平等。即使是一直为资本主义大唱赞歌的布热津斯基也认为，西方纸迷金醉的价值观念和生活方式与世界多数地区的贫困形成巨大反差，不仅阻碍了达成全球共识，而且加剧了全球分裂，潜藏着政治上的危险。全球不平等现象势必成为21世纪政治中的重大问题。② 即使是被认为极大促进了人类进步的科学技术，在资本主义贪婪的生产关系中，也在被日益扭曲和异化，西方不是有一些“科学家”们不顾舆论和社会道德的谴责，在巨大利益的驱使下一定要进行“克隆人”的实验吗？这就正如马克思早就指出的那样：“财富的新源泉，由于某种奇怪的、不可思议的魔力而变成贫困的源泉。技术的胜利，似乎是以道德的败坏为代价换来的。随着人类愈益控制自然，个人却似乎愈益成为别人的奴隶或自身的卑劣行为的奴隶。”③面对人类面临的种种危机，讲求人类平等、公正，以追求大多数人利益和解放全人类为目标的共产主义理想怎么可能从人们的心底泯灭呢？

在暂时的困难面前，全世界真正的马克思主义者并没有被吓倒，他们依然利用一切可能的机会，勇敢地传播马克思主义的声音。美国科罗拉多大学教授M. 马拉希尔在《改造美国的马克思主义》一

① 王宁、薛晓源主编：《全球化与后殖民批评》，4页，北京，中央编译出版社，1999。

② 参见［美］兹比可涅夫·布热津斯基：《大失控与大混乱》，87～95页，北京，中国社会科学出版社，1994。

③ 《马克思恩格斯选集》，2版，第1卷，775页。

文中说："我们必须敢于具有历史的想象力，敢于做马克思主义者。如果我们能够这样，1989—1990 年的所谓社会主义的死亡，总有一天会像凤凰那样将其自身转化为新生。"①

在资本主义存在的条件下，科学地揭示了资本主义种种弊端的马克思主义是不可能被消灭的。自由资本主义是社会主义的母胎，它不可能孕育一个完整的社会主义形态，但它确实孕育了马克思主义。恩格斯在《论住宅问题》中指出："实际的社会主义是在于对资本主义生产方式各个方面的正确认识。"② 资本主义发展到今天，尽管发生了许多新变化，出现了许多新特点，但最基本的一条没有变，那就是资本主义依然是资本主义。它的最基本的社会矛盾、基本的经济基础和上层建筑、基本的阶级关系一条都没有改变。难怪，就连美国《基督教科学箴言报》也在 1992 年 12 月 14 日刊登了一篇由托马斯·马格斯塔特撰写的《与马克思主义旷日持久的战争还未结束》的文章，文中写道："苏联式共产党政权在欧洲垮台宣告了冷战的结束，但并不等于马克思主义对资本主义的挑战也随之结束"；"马克思可能会卷土重来，而且再度兴起的马克思主义对西方古典自由主义的思想和体制构成的挑战，会比苏联共产党政权构成的挑战更加令人生畏"。

历史的发展有它自己的逻辑。在诡秘多变的世界政治风云中，邓小平以一个马克思主义政治家的非凡眼光与气魄，掷地有声地指出："我坚信，世界上赞成马克思主义的人会多起来的……一些国家出现严重曲折，社会主义好像被削弱了，但人民经受锻炼，从中吸收教训，将促使社会主义向着更加健康的方向发展。因此，不要惊慌失措，不要认为马克思主义就消失了，没用了，失败了。哪有这

① 转引自陈先达：《马克思主义是不可战胜的》，见余征主编：《真理的追求——10 年文萃》，806～807 页，北京，金城出版社，2000。

② 《马克思恩格斯全集》，中文 1 版，第 18 卷，321 页，北京，人民出版社，1964。

回事!”[1] 如果把十月革命的成功和苏东剧变看作20世纪两次巨大的历史性变革，那么，在苏东剧变后的20多年中，一个拥有13多亿人口的东方大国——中国则发生了第三次历史性的巨变。但是这次巨变并未改变中国社会主义制度的性质，而是社会主义制度的自我完善，建立了一个更加充满生机与活力的、更加适应我国生产力发展需要的社会主义市场经济的新体制；它所遵循的最根本的价值原则依然是社会主义的。面对中国特色社会主义事业的蓬勃发展，那个在20世纪80年代就迫不及待宣布社会主义已经遭到“大失败”的美国前国家安全事务助理布热津斯基也不得不承认，自己对社会主义的判断是错误的，他在其《失去控制：21世纪前夕的全球混乱》一书中，一方面惊呼西方世界的失控和混乱，另一方面则对中国的改革给予了高度评价，“从总体来看，必须说中国取得的成绩是极为令人钦佩的”，“假如社会基础结构和个人收入与经济增长速度同步改善，中国很可能会被许多发展中国家的人民，特别是前苏联各共和国的人民，看成是一个越来越有吸引力的替代选择模式……”。特别是2008年以来爆发的全球金融危机，其实是资本主义固有矛盾在当代的必然结果。金融危机以后，全球再次掀起了一股“马克思热”，很多人试图从马克思的学说中寻找解困的答案。

历史终将证明，马克思主义的科学理想是不可战胜的！在共产主义理想信念的教育中，我们把社会主义—共产主义理想作为一个基本的重要内容首先讲清楚，是一个可以发挥很大效用的突破口。

二、理想、制度和运动：共产主义的三维解读

在马克思恩格斯看来，共产主义（社会主义是它的初级阶段）

① 《邓小平文选》，1版，第3卷，382～383页。

本身至少具有三个层面的含义：

第一，共产主义是一种理想。共产主义首先是一种理想，并且是一种远大的理想，带有“终极关怀”的意蕴，是一种要不断地、长期地在现实中实现的远大的带有终极美好性的社会理想。

共产主义作为一种理想，并不是马克思的首创，马克思主义产生之前的16世纪，就形成了共产主义的思想和理论，后经18世纪的梅叶、摩莱里等人的发展，到19世纪的圣西门、傅立叶和欧文那里，共产主义已是一种影响巨大并成为马克思主义三大来源之一的社会思潮。

从发生学上讲，这种共产主义思潮，是在对现实的种种不满的思想基础上产生的。这种理想虽然是在对现实的种种不满的思想基础上产生，但它本身的形成却并没有以相应的现实为母体，而是纯粹地从主观愿望出发。不从现实出发而从主观设想出发的理想，就是一种空想。空想的理想一般有两个极端性的特征：一是至善至美、完满无缺；一是具体周密、详尽无遗。完全没有或完全脱离现实基础的至善至美、完满无缺的理想，是一种永远无法实现的理想。马克思当年称这种共产主义为“粗陋的共产主义”。正因为如此，马克思恩格斯在创立自己的共产主义学说时，虽然以这种共产主义的思想作为自己的思想资源，但却坚决地批判了这种共产主义的空想性质。他们所创立的共产主义学说的最鲜明的主题是反对空想，主张和强调共产主义理想应当建立在现实的基础之上，应当是与现实相适应的并对现实具有有效的批判功能的，而不应是颠倒过来的、主观设想的“现实应当与之相适应”的理想。正是在这个意义上，马克思提出共产主义就是“消灭现存状况的现实的运动”。但是，马克思扬弃的是那种共产主义学说的“空想”性质，而不是扬弃了它的“理想”性质。

其实，在创立剩余价值学说和唯物史观之前，马克思恩格斯的共产主义学说也具有空想社会主义的特征。马克思恩格斯在1845年写作的《德意志意识形态》中虽然有关于共产主义的论述，但是大多是借用了空想社会主义的说法。如“在共产主义社会里，任何人都没有特定的活动范围，每个人都可以在任何部门内发展，社会调节着整个生产，因而使我有可能随我自己的心愿今天干这事，明天干那事，上午打猎，下午捕鱼，傍晚从事畜牧，晚饭后从事批判，但并不因此就使我成为一个猎人、渔夫、牧人或批判者”①。可以看出，《德意志意识形态》中的这些观点带有明显的空想主义色彩，还没有深入到政治经济学的分析中。

马克思通过创作《资本论》，建立了科学的劳动价值论，揭示了剩余价值规律。基于此，马克思才对人的全面发展的条件作出更为现实的规定，即从“可以自由支配的时间”角度来论证实现人的全面发展的条件。马克思认为，自由支配的时间就是使个人得到充分发展的时间。而人要获得自由支配的时间，就要消灭分工和私有制，从而摆脱自然必然性的支配，进入“真正的自由王国”。这表明，在马克思看来，人的全面发展不能在物质生产领域实现，而在于“真正物质生产领域的彼岸”，即把人类能力的发展当作目的本身的“真正的自由王国”②。

马克思恩格斯关于共产主义学说的转变，并没有否定它的共产主义的理想性，因为，与现实相对应的只能是理想，“消灭现存状况”③ 的内在根据也正是一种“理想”，只不过，这种理想并不是仅仅停留在理想状态本身的空想的理想，而是不断地转化成一种“现实的运动”的理想。

第二，共产主义是一种社会制度。它是人类社会基本矛盾运动发展的最高阶段，是人们依据共产主义的价值体系构建的更具经济合理性和价值合理性的社会制度。毛泽东说过：“共产主义是无产阶

---

① 《马克思恩格斯全集》，中文1版，第3卷，37页，北京，人民出版社，1960。

② 《马克思恩格斯全集》，中文1版，第25卷，927页，北京，人民出版社，1974。

③ 《马克思恩格斯全集》，中文1版，第3卷，40页。

级的整个思想体系，同时又是一种新的社会制度。”① 它意味着一种完善的社会制度和社会形态，是人类社会发展自然历史过程中的高级阶段。

马克思曾多次从实现的标准和条件等可操作的原则入手，描述过共产主义制度的现实远景和具体蓝图。《德意志意识形态》认为，共产主义作为“世界历史性”的存在，将消灭分工，“任何人都没有特定的活动范围，每个人都可以在任何部门内发展”，最终实现“联合起来的个人对全部生产力总和的占有”②。作为全世界无产阶级的共同纲领，《共产党宣言》概括了共产主义的使命和特征，指出共产主义革命的根本任务是消灭私有制和“同传统的观念实行最彻底的决裂”③。《资本论》敲响了资本主义灭亡的丧钟，提出必须“剥夺剥夺者”和重建共产主义“个人所有制”。《哥达纲领批判》第一次从党的实践纲领视角阐发了共产主义发展的两个阶段。马克思恩格斯还曾在《反杜林论》等著作中，多次论述到生产力高度发展、物质产品极大丰富、阶级消灭、国家消亡等共产主义必备的标准和条件。

对于未来共产主义的大致轮廓，马克思是这样描述的：“在共产主义社会高级阶段上，在迫使人们奴隶般地服从分工的情形已经消失，从而脑力劳动和体力劳动的对立也随之消失之后；在劳动已经不仅仅是谋生的手段，而且本身成了生活的第一需要之后；在随着个人的全面发展生产力也增长起来，而集体财富的一切源泉都充分涌流之后，——只有在那个时候，才能完全超出资产阶级法权的狭隘眼界，社会才能在自己的旗帜上写上：各尽所能，按需分配!”④ 那将是一个社会完全平等，每一个人获得全面、自由的发展，人的个性得到真正解放的美好社会。这是人类最美好的理想，又是建立

① 《毛泽东选集》，2版，第2卷，686页，北京，人民出版社，1991。

② 《马克思恩格斯全集》，中文1版，第3卷，77页。

③ 《马克思恩格斯选集》，2版，第1卷，293页。

④ 《马克思恩格斯全集》，中文1版，第19卷，22～23页，北京，人民出版社，1963。

在科学分析的基础上得出的结论。只有到了共产主义社会，人类才能从社会的压迫和自然的压迫中摆脱出来，由必然王国进入自由王国，获得真正的解放和自由。

深入研究马克思恩格斯的论述可以发现，上述这些标准和条件在现实生活中还不完全具备，因而带有一种理想性和前瞻性。但是这些标准和条件又没有脱离现实生活，而是对资本主义现实批判的一种折射。一般来说，这些标准和条件都是作为资本主义的直接对立物而出现的。无论是消灭分工、重建个人所有制，还是生产力高度发展、按需分配、国家消亡，等等，都对被资本主义扭曲了的现实进行了深刻的反思，并从中设想出这些标准和条件。这样一个社会，显然不是一朝一夕可以建成的，它只有在具备了充分条件的基础之上才可能建成。

同时，我们还要认识到，马克思恩格斯并没有对未来的共产主义制度做具体细节性描述。因为“在将来某个特定的时刻应该做些什么，应该马上做些什么，这当然完全取决于人们将不得不在其中活动的那个既定的历史环境”①。恩格斯也明确表示对未来共产主义描述的越细致、越周密，“就越是要陷入纯粹的幻想”。“无论如何，共产主义社会中的人们自己会决定，是否应当为此采取某种措施，在什么时候，用什么办法，以及究竟是什么样的措施。我不认为自己有向他们提出这方面的建议和劝导的使命。那些人无论如何也会和我们一样聪明。”② 可见，马克思恩格斯深知，未来理想的社会制度带有许多变数，不是靠逻辑和推理所能确定的，只有亲历者的实践才有最终的发言权。

第三，共产主义是一种现实的运动。这是最为重要的一个方面。共产主义是一种为实现其价值目标和社会理想而不断实践的现实运动。共产主义学说是一种理想，是一种现实的社会制度，还是一种改

---

① 《马克思恩格斯选集》，2版，第4卷，643页，北京，人民出版社，1995。

② 同上书，642页。

造现存社会使人获得解放的“过渡环节”或“现实运动”。共产主义理想虽然具有“终极理想性”，但是这种“终极”并不是一种静态的时空“终点”，而应把“终极”理解成一种根植于现实有限的“无限的过程”。根据马克思在《德意志意识形态》中的一些相关论述：“共产主义对我们说来不是应当确立的**状况**，不是现实应当与之相适应的**理想**。我们所称为共产主义的是那种消灭现存状况的**现实的**运动”[①]，说马克思在许多地方所描绘的“自由王国（共产主义）”具有“终极理想”的信仰性质便不难以理解了。比如，马克思恩格斯在《共产党宣言》中向世人宣布：“代替那存在着阶级和阶级对立的资产阶级旧社会的，将是这样一个联合体，在那里，每个人的自由发展是一切人的自由发展的条件。”[②] 这样的社会，是对人性的彻底的自觉的复归；是人与自然之间、人与人之间矛盾的真正解决；是存在和本质、对象化和自我确定、自由和必然、个体和类之间的抗争的真正解决。

基于此，凡是围绕人的发展而开展的运动，就是共产主义运动；凡是以人的发展为指向的社会，就是共产主义社会。将人的发展而不是某种终极状态的社会作为共产主义的最高诉求，这正是马克思的本意。马克思之所以总是强调要进行无产阶级革命，要消灭资产阶级所有制，就是因为他认为正是这种所有制造成了人的本质的异化或劳动异化，造成了人们分为对立的阶级，造成了人不能成为社会的主人而社会也不能将人作为目的。马克思在《德意志意识形态》中已明确指出，共产主义社会是“个人的独创的和自由的发展不再是一句空话的唯一的社会”[③]，在《资本论》中又进一步明确告诉我们：共产主义社会是“以每个人的全面而自由的发展为基本原则的社会形式”[④]。当然，恩格斯也说过类似的话，他在 1847 年回答“**共**

① 《马克思恩格斯全集》，中文 1 版，第 3 卷，40 页。

② 《马克思恩格斯选集》，2 版，第 1 卷，294 页。

③ 《马克思恩格斯全集》，中文 1 版，第 3 卷，516 页。

④ 《马克思恩格斯全集》，中文 1 版，第 23 卷，649 页，北京，人民出版社，1972。

产主义者的目的是什么”这一问题时说：“把社会组织成这样：使社会的每一个成员都能完全自由地发展和发挥他的全部才能和力量”①。

人的发展不是抽象的空洞口号，它必须落到实处；人的发展也不是自然而然的演化，而是有实际内容和可衡量的进步。衡量的标准我们可以界定为：富裕、和谐与民主。人的发展，在现实社会的进程中集中表现为人的需求被满足程度的不断提高。人的需求多种多样，其外在价值目标最终指向富裕、和谐、自由。富裕作为社会终极价值目标，是生产力发展、经济增长、财富增加、物品丰富。这将为人的自由而全面的发展提供物质基础，以满足人的吃、穿、住、行等物质生活和文化生活的需求。和谐作为社会终极价值目标，是公平、正义、尊严等价值目标的体现。和谐意味着能给人提供各种越来越融洽、协调的人际关系和天人关系，以满足人的情感需求和交往需求。自由作为社会终极价值目标，是自主、自治，具体而言是经济自由、政治民主、文化多元等价值目标。它意味着能给人提供越来越多的发展可能性及生活样式，以满足人充分发挥自身潜能天赋、形成独特个性的自我实现需求。事实上，马克思主义对共产主义预设的三个严格条件——物质财富的极大丰富、人民精神境界的极大提高、每一个人自由而全面的发展，从本质上说并不只是一种理想，也是人类几千年文明发展中一直在追求、在实践的一个过程。所以恩格斯曾特别说明，共产主义不只是从原则出发，而是从事实出发。

正因为人类社会对富裕、和谐、自由这三大社会终极价值目标的追求是永无止境的，人的全面发展也是永无止境的。毫无疑问，一个社会对富裕、和谐、自由的追求，就是对人的需求的全方位满足，就是对“每个人的全面而自由的发展”的切实推进。任何一个时代的人们都需要创造更多的社会财富，都需要面对和解决影响和

---

① 《马克思恩格斯全集》，中文1版，第42卷，373页，北京，人民出版社，1979。

谐的矛盾，都需要为人的自由开拓更多的空间和时间，因而一个以人的发展为目的的共产主义社会，同样也是永无止境的。以人的发展为目的的共产主义社会，也就成为与每个人的实际利益、幸福都密切相关的最实际的社会。当前，中国共产党人提出建设社会主义和谐社会，坚持以人为本为核心的科学发展观，无不是向共产主义社会迈进的具体措施。

这样一来，共产主义就近在眼前了——只要我们当下所开展的运动确实是为了人的发展，我们就是在共产主义运动之中；只要我们当下所身处的社会确实是以人的发展为目的的社会，我们就是在共产主义社会之中。反之，如果不是以人的发展为真正的目的，不论当下的运动和当下的社会是否叫作共产主义，我们都不在共产主义之中。

三、中国特色社会主义：从理想到现实

一部国际共产主义运动史，就是一部不断从理想性走向现实性的历史。社会主义运动能否健康发展，关键是能否解决好共产主义的终极理想与现实运动的关系。从共产主义理论学说产生以来，一代又一代的共产党人致力于将共产主义理想信念变为现实的美好社会。

马克思恩格斯创立了共产主义学说并致力于将其现实化。但是社会主义并没有像创始人想象的那样在生产力高度发展的西方发达国家取得胜利，而是在东方落后国家率先成功的。这些国家生产力不够发达，大多处于农业经济社会，市场化程度较低，无产阶级人数不占优势。马克思主义政党所面临的实际问题是：一方面，它既不是资本主义社会，也不符合马克思主义创始人所理解的共产主义社会第一阶段的条件；另一方面，它又不像马克思主义创始人所理解的那样，是一个短暂的过渡时期，而是一个相当长的历史时期。

这种困境难免带来两个方面的严重后果：一方面，以理想为尺度去规范现实，在经济上片面追求“一大二公”的“穷过渡”，欲“跑步进入共产主义”；另一方面，又会极大地忽视这种社会的正常存在和发展所应具有的稳定性，以一种过渡时期的不稳定的眼光去看待社会生活，在政治上则将阶级斗争形势估计严重化，导致阶级斗争扩大化。

这一令人尴尬的困局的解开，既有赖于现实生活的变化，也有赖于理论上的创新。前者是社会主义国家的改革探索，特别是中国特色社会主义的成功经验，后者则是“社会主义初级阶段”这一概念的提出。

社会主义初级阶段理论的提出成功化解了共产主义理想性和现实性的困难。邓小平曾说，社会主义本身是共产主义的初级阶段，而这一初级阶段又有其初级阶段，即社会主义初级阶段。社会主义初级阶段理论的提出，为社会主义与市场经济链接奠定了基础。很长时间以来，人们都把市场经济等同于资本主义经济，社会主义与市场经济是不相容的。早在改革开放初期，邓小平就提出了社会主义与市场经济的关系问题，批评高度集中的计划体制把经济搞得太死，使经济缺乏应有的活力。在南方谈话中他进一步明确指出：“计划多一点还是市场多一点，不是社会主义与资本主义的本质区别。计划经济不等于社会主义，资本主义也有计划；市场经济不等于资本主义，社会主义也有市场。计划和市场都是经济手段。”① 党的十四届三中全会通过的《中共中央关于建立社会主义市场经济体制的若干决定》明确提出了建立社会主义市场经济的基本框架。党的十六届三中全会则进一步提出了完善社会主义市场经济体制的要求。“对于社会主义市场经济而言，根本问题便是如何将公有制与市场经济结合起来。”② “社会主义市场经济并不要求完全的公有制，而只是

① 《邓小平文选》，1版，第3卷，373页。

② 王南湜：《社会主义：从理想性到现实性》，载《马克思主义与现实》，2009（3）。

要求以公有制为主体；在公有制为主体的前提下，是能够容许多种所有制经济共同发展的。因为只要以公有制为主体，就能够从总体上保证以按劳分配为主体和以实现共同富裕为目标的社会主义性质。”① 社会主义市场经济理论将每个人全面而自由发展的共产主义社会这一人类最为崇高的理想信念与现实的经济生活方式——市场经济结合起来，使理想进一步现实化。

党的十七大将社会主义初级阶段理论、社会主义市场经济理论、“三个代表”重要思想、科学发展观等理论成果概括为中国特色社会主义理论体系。中国特色社会主义坚持了科学社会主义的基本原则，是科学社会主义的一种现实形态。同时，中国特色社会主义是扎根于中国现实的有生命力有活力的社会主义。共产主义从理论转变为现实，必须与每个国家的社会实际相结合，并依据时代特征赋予其民族和时代特色。正如邓小平指出的，“社会主义必须是切合中国实际的有中国特色的社会主义”②。胡锦涛同志曾强调，改革开放以来我们取得一切成绩和进步的根本原因，归结起来就是：开辟了中国特色社会主义道路，形成了中国特色社会主义理论体系。

从马克思主义经典理论到中国特色社会主义理论体系，虽然所面临的问题有所不同，但在将理想现实化的理论方式上，却具有非常明显的相同性，那就是在坚持理想社会之原则的基础上，将理想的实现划分为不同的阶段，使理想一步步成为现实。

四、引领我们前进的旗帜

在当代中国，我们为共产主义奋斗，就是为实现全面建成小康社会目标，为实现中华民族的伟大复兴，为建设富强民主文明和谐

① 王南湜：《从两极到中介：理论创新的辩证法》，载《光明日报》，2009－06－10。

② 《邓小平文选》，1版，第3卷，63页。

的社会主义现代化国家而奋斗。我们要坚持社会主义就是要坚持走中国特色社会主义道路。我国是在长期处于封建社会，并遭受外国列强掠夺，生产力水平远远落后于发达资本主义国家的情况下很快进入社会主义社会的。虽然经过新中国 60 多年特别是改革开放 30 多年的发展，我国生产力有了很大提高，各项事业有了很大进步，但总的来说，人口多、底子薄、地区发展不平衡、生产力不发达等仍是基本国情；我国与资本主义发达国家在生产力水平上的差距仍然很大，仍面临着发达国家在经济和科技等综合国力竞争上的巨大压力。这就决定了我国必须在社会主义条件下，通过大力发展社会生产力，逐步摆脱不发达状态，努力实现社会主义现代化，建设富强民主文明和谐的社会主义现代化国家。这样的历史进程，从新中国成立算起，至少需要 100 年时间。至于巩固和发展社会主义制度，最终实现共产主义，则更需要几代人、十几代人甚至几十代人坚持不懈的努力奋斗。因此，建设中国特色社会主义理论体系，是马克思主义同当代中国实践和时代特征相结合而形成的伟大理论；建设中国特色社会主义，已成为中国人民的共同理想。

（1）坚定对党的领导的信任。

中国共产党是中国特色社会主义事业的坚强领导核心。这种领导核心地位是历史形成的，是中国人民在长期的艰苦斗争中的选择。中国共产党自诞生之日起，就把马克思主义确立为自己的指导思想，用中国化的马克思主义指导中国的革命、建设和改革，创造了巨大的历史功绩，取得了举世瞩目的伟大成就。中国共产党不负历史的重托、人民的选择，不愧为伟大、光荣、正确的党。中国共产党也曾出现过失误，犯过错误，也还存在着不足，但是，中国共产党具有敢于坚持真理、勇于修正错误的坚毅品格和博大胸怀，拥有自我纠错和校正航向的能力与机制，因而能够始终保持自己的先进性，成为中国工人阶级的先锋队，成为中国人民和中华民族的先锋队。在有着十几亿人口的中国，也只有中国共产党才能把全国人民团结起来，指明正确的方向，凝聚成一股无坚不摧的力量，否则中国就会陷于四分五裂的境地。总之，在当今中国，没有任何政治力量能够取代中国共产党的领导核心地位。只有中国共产党，才能领导中国人民建设中国特色社会主义，才能率领中国人民实现中华民族的伟大复兴。

（2）坚定走中国特色社会主义道路的信念。

中国走社会主义道路是中国历史发展的必然，是中国人民的郑重选择。近代中国人民不是没有尝试过其他社会发展道路，当时国内的一部分封建统治者、民族资产阶级、大资产阶级即买办资产阶级都曾经粉墨登场，而最后的结果却是帝国主义与中国封建势力和大资产阶级相勾结，共同剥削和压迫中国人民。正是在这样的历史条件下，中国人民选择了中国共产党，选择了社会主义。正如邓小平指出的，事实证明，“如果不搞社会主义，而走资本主义道路，中国的混乱状态就不能结束，贫困落后的状态就不能改变”①。新中国成立后，以毛泽东为核心的党的第一代中央领导集体，带领全党全国各族人民在建设社会主义的道路上进行了开创性的、艰辛的探索，虽然经历了严重曲折，但取得了巨大的成就，积累了丰富的经验。以邓小平为核心的党的第二代中央领导集体，总结我国社会主义建设的经验教训，带领全国人民进入了改革开放的新时期，成功开创了中国特色社会主义。改革开放以来，特别是党的十六大以来，我国经济社会建设所取得的辉煌成就充分证明，中国特色社会主义符合中国国情，符合全国各族人民的利益，因而是中国发展、走向富强的正确道路。

（3）坚定对社会主义现代化建设和实现中华民族伟大复兴的信心。

中华民族是一个历史悠久的伟大民族，在数千年的历史中，创

---

① 《邓小平文选》，1版，第3卷，63页。

造了辉煌的文明，但到了近代，由于中国内忧外患交迫，积贫积弱，最终衰落下来。新中国的诞生、社会主义制度的建立，使中华民族昂首挺胸以崭新的姿态重新屹立于世界民族之林，开启了伟大复兴的历史新征程。党的十一届三中全会以来，中国特色社会主义又赋予中华民族以新的强大生机，展现出灿烂的前景。尤其是党的十六大以来，在以胡锦涛同志为总书记的党中央的领导下，我国进入了全面建设小康社会、加快推进社会主义现代化的新的发展阶段，在科学发展观的指引下，中华民族的伟大复兴展现出更加美好的图景！

坚持马克思主义，坚持走中国特色社会主义道路，最终目标就是为了实现共产主义的远大理想。共产主义是一种理想、一种学说、一种制度，更是一种实践。它的实现需要一个漫长的历史过程，需要千百万人一代又一代不懈的努力。可以说，从《共产党宣言》的发表到巴黎公社起义，从俄国十月革命爆发到中华人民共和国成立，从我国建国初期的生产资料私有制的社会主义改造到当前的中国特色社会主义建设，都是迈向共产主义这一理想社会的坚实一步。

追求共产主义远大理想与坚定中国特色社会主义共同理想是辩证统一的。一方面，共同理想是远大理想在当前的具体表现，远大理想决定着共同理想的性质和方向。无论过去、现在和将来，共产主义理想都是中国特色社会主义建设事业的力量源泉和精神支柱，在为实现这一共同理想而奋斗的过程中，绝不能忘记共产主义远大目标，否则，就会失去终极的目标，迷失正确的方向。

另一方面，共同理想是实现远大理想的必经阶段。共产主义远大理想的实现不是一蹴而就的，而是经由实现一个个阶段性的共同理想而逐步完成的历史过程。今天中国特色社会主义现代化建设事业获得的一切成就，都是在为将来实现共产主义创造条件。没有这些条件的一点一滴的积累，不经过艰苦漫长岁月的奋斗，就不可能逐步达到共产主义社会。

在共同理想与远大理想的关系上，把两者混同起来或者对立起来的观点都是错误的。我们既要坚信马克思主义关于人类社会必然走向共产主义的预见这一科学真理，就像预见太阳明天将要从东方升起一样，又要深刻认识到共产主义只有在社会主义社会充分发展和高度发达的基础上才能实现，需要付出艰辛的努力。正如胡锦涛同志所指出的，必须认识到，我们现在的努力以及将来多少代的持续努力，都是朝着实现共产主义这个最终目标前进的。同时必须认识到，实现共产主义是一个非常漫长的历史过程，我国现在仍处于并将长期处于社会主义初级阶段。我们必须从这个实际出发确定现阶段的奋斗目标，脚踏实地地推进我们的事业。这就要求我们把胸怀共产主义的崇高理想与坚定走中国特色社会主义道路的信念有机统一起来，矢志不移地为实现党在社会主义初级阶段的基本路线、基本纲领而奋斗。

只看到共产主义是美好的社会，误以为可以很快实现，急于求成，超越社会发展阶段“跑步进入共产主义”，忘记了现在的历史使命，其结果只能是事与愿违，甚至会使当前历史阶段的事业遭受挫折和失败。同样，只看到共产主义是未来的远大理想，认为共产主义事业与眼前无关、与我无关，认为实现共产主义是“渺茫的幻想”，对共产主义的前景持怀疑态度，也就忘记了最终目标，失去了终极的价值准则和力量源泉，现在从事的一切也就丧失了前进的正确方向，最终也避免不了遭受挫折和失败的命运。看到共产主义社会的美好，又看到实现目标的长期性、复杂性，立足中国社会主义初级阶段的实际，努力做好当前的事情，我国社会主义建设事业就能发展得更快更好。中国改革开放 30 多年的变化，证明我们离长远目标是一步一步地在接近，而不是更远了。

在当今中国，每个人应当自觉自愿地树立中国特色社会主义的坚定信念，并把它同共产主义远大理想紧密联系起来，这是不断增强自己的社会责任感和历史使命感，为个人的成长成才提供强大动力之源的最佳途径。尤其对于共产党员来讲，正如党的十八大报告所指出的："对马克思主义的信仰，对社会主义和共产主义的信念，是共产党人的政治灵魂，是共产党人经受住任何考验的精神支柱。"

第三章

为什么要坚持共产主义理想信念

在人类近千年来的历史中，没有任何一个人能够像马克思那样深刻地改变了人类社会，也还没有任何一种思想能够像马克思主义那样被视为是“我们时代的不可超越的哲学”。

坚持以马克思主义为指导，是决定党和国家基本性质的根本标准之一，也是树立中国特色社会主义共同理想和追求共产主义远大理想的前提。正确认识马克思主义的科学性以及对社会发展进步的极端重要性，是我们树立起坚定的共产主义理想信念必须正确解读的首要问题。

一、马克思主义是共产主义的思想意识形态

产生于19世纪40年代的马克思主义思想体系，是马克思恩格斯在深入研究了资本主义社会的基本矛盾以及当时自然科学的最新成果、总结欧洲工人运动的经验，并批判地吸收了人类优秀思想文化的基础上创立的。马克思“用德国古典哲学的成果，特别是用黑格尔体系（它又导致了费尔巴哈的唯物主义）的成果丰富了哲学”[①]，从而创立了辩证唯物主义和历史唯物主义；是马克思恩格斯继承了当时资本主义最发达的英国所产生的古典政治经济学的成果，并进一步严密地论证和透彻地发展了这一理论，从而提出了全新的劳动价值理论（其中最重要的是剩余价值学说），从而创立了马克思主义的政治经济学；也是马克思恩格斯从欧文、傅立叶等人的理论和实践中，对空想社会主义进行了根本的改造，第一次揭示了在阶级社会中，阶级斗争是推动经济社会全部发展进程的基础和动力。他们不仅正确指出了社会发展的方向，还指出了如何走向这一方向的正确道路——社会主义革命，指出了实现这一革命的具体力量——无产阶级，从而把社会主义的理论由空想变为科学。马克思主义的诞生，揭开了人类思想史的新篇章。马克思主义为工人阶级政党领导工人运动和变革社会的革命斗争、为工人阶级政党改造客观世界和主观世界，提供了强大的思想武器。正如列宁所指出的：“马克思的

① 《列宁全集》，中文2版，第23卷，42页，北京，人民出版社，1990。

观点极其彻底而严整，这是马克思的对手也承认的，这些观点总起来就构成作为世界各文明国家工人运动的理论和纲领的现代唯物主义和现代科学社会主义。”① 马克思主义思想体系的诞生，也是在人类思想史上第一次真正关注亿万被剥削、被压迫者的命运，第一次由被压迫者向压迫者公开宣战的崭新的思想意识形态。它也是第一次对人类先进思想已经提出的种种问题作出了科学回答和理论阐述的思想意识形态。

正因为如此，马克思主义才从最初只是无数的社会主义派别和思潮中的一种，发展成为在世界社会主义运动中占据主导地位的思想意识形态，发展成为对世界历史进程产生重大影响的科学理论。

从 1848 年马克思恩格斯写下全世界无产阶级的共同纲领——《共产党宣言》到现在，马克思主义已经走过了 160 多年的发展历程。160 多年来，在马克思主义旗帜的引领下，全世界的无产阶级为了推翻资产阶级的统治，建立社会主义制度，前赴后继、英勇斗争，谱写了人类历史进步的不朽篇章。当人类迎来又一个新的世纪，面对历史的复杂变迁，不管你愿意不愿意、承认不承认，一个不可置疑的铁的事实是：在人类近千年来的历史中，没有任何一个人能够像马克思那样深刻地改变了人类社会，也还没有任何一种思想能够像马克思主义那样被视为是“我们时代的不可超越的哲学”②。

1920 年，列宁在回顾布尔什维克党领导俄国工人阶级夺取十月革命胜利的光辉历程时，曾经就俄国革命党如何艰难地寻找能够指引革命胜利的真理，说过一段饱含感情的话语：马克思主义理论的正确性，“不仅为整个 19 世纪全世界的经验所证实，尤其为俄国革命思想界的徘徊和动摇、错误和失望的经验所证实。在将近半个世纪里，大约从上一世纪 40 年代至 90 年代，俄国进步的思想界在空

① 《列宁全集》，中文 2 版，第 26 卷，52 页，北京，人民出版社，1988。
② ［法］萨特：《对于一种方法的探求》，7 页，纽约出版社，1963。

前野蛮和反动的沙皇制度的压迫之下，曾如饥似渴地寻求正确的革命理论，专心致志地、密切地注视着欧美在这方面的每一种‘最新成就’。俄国在半个世纪里，经受了闻所未闻的痛苦和牺牲，表现了空前未有的革命英雄气概，以难以置信的毅力和舍身忘我的精神去探索、学习和实验……真是**饱经苦难才找到了**马克思主义这个唯一正确的革命理论”①。

对照中国革命的历程，与俄国革命又是何等的相似啊！马克思主义理论对中国革命的影响是如此的深刻、如此的巨大！以马克思主义指导中国革命，是我国近代100多年来历史选择的必然结果。自1840年鸦片战争以来，中国陷入了帝国主义、封建主义和官僚资本主义重重压迫的空前残酷和黑暗之中。为了救亡图存，中国进步的知识分子曾以极大的热情学习和引进了改良主义、社会达尔文主义、唯意志论、无政府主义、实用主义、民粹主义等各种思潮，它们也都在不同的历史阶段扮演过流行的主角，但最终都失败了，都被历史淘汰了。在无数的失败和教训中，中国人民同样是“**饱经苦难**”才最终选择了马克思主义，并在其指导下，取得了民主革命的伟大胜利。历史证明，只有把马克思主义作为指导思想，才能救中国。

社会主义制度建立后，马克思主义的思想意识形态成为了社会主义形态下的主流意识形态。在社会主义的实践进程中，我们党始终坚持以马克思主义理论为根本的指导思想，并提出了把马克思主义普遍真理与中国革命的具体实践相结合，实现了马克思主义在中国的两次历史飞跃，创立了中国化的马克思主义——毛泽东思想和邓小平理论。在毛泽东思想的指引下，我们取得了新民主主义革命的胜利，建国以后又确立了社会主义制度，发展了社会主义的政治和经济；在邓小平理论的指引下，我们成功地进行了社会主义条件下的改革开放，科学地解决了在新的历史阶段如何建设社会主义、

① 《列宁全集》，中文2版，第39卷，5～6页，北京，人民出版社，1986。

如何巩固和发展社会主义的一系列重大问题，使社会主义的中国傲然屹立于世界的东方。历史再次证明，只有坚持马克思主义的指导，才能发展中国。

二、马克思主义是科学的理论体系

中国共产党选择马克思主义作为指导思想，经过28年的艰苦卓绝的奋斗最终取得了新民主主义革命的胜利，进而又坚持马克思主义指导地位不动摇，取得了社会主义革命和建设以及改革开放的伟大胜利，这样一个历史过程当然不是偶然的，它首先是源于马克思主义具有的一系列体现自身本质的基本特征：马克思主义是实践基础上科学性与革命性的高度统一，表现为科学的世界观和方法论、具有鲜明的政治立场和崇高的社会理想；马克思主义是与时俱进的科学理论，表现为其所具有的实践性、开放性和发展性。

第一，马克思主义的科学性和真理性。马克思主义坚持辩证唯物主义和历史唯物主义的世界观和方法论，用生产力和生产关系、经济基础和上层建筑的矛盾运动来解释人类历史的发展变化，把生产力作为推动社会前进最活跃、最革命、最根本的力量，科学分析了资本主义社会的内在矛盾，深刻揭示了历史发展的客观规律，创立了科学社会主义，为人类社会发展进步指明了正确方向。马克思主义的科学性和真理性，还在于它是开放的、与时俱进的理论体系。马克思主义不是故步自封的学说，而是随着实践发展不断丰富和完善的科学体系。马克思恩格斯强调，他们的学说不是教条，而是行动的指南。马克思曾说过，正确的理论必须结合具体情况并根据现存条件加以阐明和发挥。恩格斯说："我们的理论是发展着的理论，而不是必须背得烂熟并机械地加以重复的教条。"① 马克思主义是革

① 《马克思恩格斯文集》，第10卷，562页，北京，人民出版社，2009。

命的、批判的、发展的，是随着时代和实践的进步而不断丰富的。这正是马克思主义能够始终反映时代和实践的要求、始终保持蓬勃生机和活力、始终具有科学性和真理性的根本原因。

说到马克思主义的科学性和真理性，绝不是一种抽象的溢美之词。对于这一问题的理解，我们不妨来看一看列宁的一段论述。1913 年，列宁在为纪念马克思逝世 30 周年而作的《马克思学说的历史命运》一文中，把马克思主义诞生以来的发展分为三个主要时期，其中第一个时期就是从 1848 年革命到巴黎公社（1871 年）。列宁特别指出："在第一个时期的开头，马克思学说决不是占统治地位的。它不过是无数社会主义派别或思潮中的一个而已。"[①] 但当到了"第一个时期（1848—1871 年）即风暴和革命时期的末尾，马克思以前的社会主义已**奄奄一息**"[②]。也就是说，这一时期，马克思的学说已经成为工人运动中占统治地位的主导意识形态。认真领会列宁的这段论述，会让我们更深切地意识到马克思主义的科学价值。

在 1848 年《共产党宣言》发表之初，马克思恩格斯不过是两位尚不到而立之年的青年学者，而在当时，已经有不少颇具影响的社会主义者（如杜林、巴枯宁、蒲鲁东、拉萨尔等）或流派了。为什么在短短的 20 多年间，马克思主义就能够战胜形形色色的"社会主义"，而使科学社会主义的思想和理论被广大工人阶级接受呢？显然，在当时，马克思主义不是靠行政权力，不是靠任何别的手段，而仅仅凭借着它内在的科学性，在聚集和团结无产阶级的力量、创建社会主义政党、指导社会主义运动的发展方向等各个方面，"获得了完全的胜利，并且**广泛传播开来**"[③]，这充分体现了真理的感召力。

马克思主义的诞生并不是偶然的，它是人类社会实践发展到一定阶段的思想结晶。而马克思主义的一个重要贡献就是对人类实践

① 《列宁选集》，3 版，第 2 卷，305 页，北京，人民出版社，1995。
② 同上书，306 页。
③ 同上书，307 页。

本身的正确认识。马克思把实践称为客观的物质活动或人的感性活动，并以此作为自己创立的新唯物主义的逻辑基点。但马克思并没有简单地把实践仅仅停留在“人的感性活动”的层面，而是进一步提出要把“实践”纳入到人类生产和发展的历史过程中。正是以这样一种实践观来认识历史，马克思主义发现了人类社会实践的三种主要形式——阶级斗争、生产斗争和科学实验。马克思主义正是在以这三种人类社会实践形式为主的基础上发展起来的革命学说。

马克思主义孕育、形成和成熟于自由资本主义时代，是伴随着工业无产阶级的产生和社会化的大生产而出现的，它从一开始就代表着先进生产力的发展要求，同时也反映着科学技术进步的最新成就。作为马克思主义的最重要的直接来源的近代唯物主义和辩证法，正是在生产力的进步和自然科学的新发现中找到了有力的证据。

在16—18世纪，托里切利发现了水流定律；哈维发现了血液循环；而以康德的星云假说为代表的天文学、物理学以及为它们提供理论论证工具的数学等更是得到了迅速发展；耐普尔提出了“对数”这一概念；笛卡儿建立了解析几何；开普勒发现了行星运动三定律；牛顿在进一步总结以往力学、天文学成就的基础上，提出了力学三大定律和万有引力定律；等等。这些科学成就提示人们，世界是一个可以被人们认识和改造的世界，从而为拓展人类的思维空间以至新思想的诞生创造了客观的物质条件。

恩格斯在他的重要著作《反杜林论》中，对马克思主义的唯物辩证法在创立过程中是如何吸收工业革命和自然科学的成果作了很详尽的论述。恩格斯指出：“现代唯物主义概括了自然科学的新近的进步，从这些进步来看，自然界同样也有自己的时间上的历史，天体和在适宜条件下生存在天体上的有机物种都是有生有灭的；至于循环，即使能够存在，其规模也要大得无比。在这两种情况下，现代唯物主义本质上都是辩证的，而且不再需要任何凌驾于其他科学之上的哲学了。”[1] 从19世纪到21世纪，人类的生产力水平和科学技术水平出现了飞跃发展，尤其是二战以来兴起的新的科学技术革命，更是深刻地改变了人类的面貌。但几乎每一个重大的科学发现，都更加有力地证明了而不是消解了马克思主义最基本的哲学基础——辩证唯物主义的科学性。不是吗？无论是像哈勃望远镜这样的人类探寻无限空间的伟大的工具发明，还是在微观世界中对“最小物质构成”的一再突破的新发现，都不仅证明了我们所处的世界从无限广阔的宇宙空间到由夸克、粒子等组成的细微空间的物质性，而且还正在证明着它们所具有的无限的可分性和联系性。马克思主义的理论之树正是根植于人类生产实践和科学实践的土壤，并随着生产力和科学的进步而不断获取新的养分，而愈发郁郁葱葱、枝繁叶茂。

在马克思主义诞生以来的160多年间，其理论的发展尽管也经历了种种坎坷，但始终在变幻的时代风云中砥柱中流，傲立于理论之林。20世纪末以来，西方资本主义社会出现了一波又一波的“马克思热”。2008年，爆发了全球性的国际金融危机，这实质上是由于资本的本性及其扩张，驱使资本不断追求财富所形成的资本危机，以致在后危机时代，包括许多西方学者和政要都去重读《资本论》，试图找出解决危机的方法。马克思主义能这样长盛不衰，是因为人们从资本主义发展的弊端中认识到，马克思主义依然是指引人类解放的思想武器，是剖析当代世界矛盾的思想方法。这或许就是马克思被评为千年最伟大思想家的现实原因。历史和现实，为我们勾勒出了一幅清晰不过的画面，在160多年的历史沧桑中，马克思主义始终是一棵常青的理论之树，虽历经风雨，却愈加苍翠。

第二，马克思主义的革命性。马克思主义之所以成为工人阶级革命的指导思想，还在于它的革命性，即马克思主义代表了最广大

---

① 《马克思恩格斯文集》，第9卷，28页，北京，人民出版社，2009。

人民的利益。它的全部理论都立足于实现和维护最广大人民的根本利益，把全人类解放和人的全面发展作为最高价值追求，不谋求任何私利、不抱有任何偏见，是科学性、阶级性和实践性相统一的理论。恩格斯说过："科学越是毫无顾忌和大公无私，它就越符合工人的利益和愿望。"① 历史上，也曾经有过种种同情、关注人民群众的思潮和学说，但从来没有一种理论像马克思主义那样与各国工人阶级和广大劳动人民的命运如此紧密地联系在一起。正是以马克思主义为指导，1917 年，伟大的十月革命获得了成功，社会主义的理想和理论第一次成为活生生的社会现实。尔后，马克思学说又从俄国传入东方古老的大国——中国，并在 32 年后的 1949 年结出了革命胜利的硕果。马克思主义能够在一个半世纪里保持旺盛的生命力，以摧枯拉朽的力量改变着世界的面貌，深刻影响了世界历史的进程。

马克思主义进入中国 90 多年来，正是中国人民在中国共产党领导下彻底推翻帝国主义、封建主义和官僚资本主义三座大山，从而使民族觉醒，工农奋起，国家独立，人民解放，走上富强民主文明和谐的现代化发展之路。这个无可辩驳的事实充分说明，马克思主义是和一切被压迫、被剥削人民的命运天然联系在一起的。马克思主义所具有的强大的改造世界和改造社会的威力，不是在书斋里，也不是在讲台上，而是实实在在地存在于现实的人类实践中。马克思主义的出现，深刻地改变了世界上亿万被压迫人民和民族的命运。一位德国作家在谈到 19 世纪以来的历史巨变时说，没有工人运动，没有社会主义者，没有马克思，当今世界五分之六的人口将依然生活在半奴隶制的阴郁状态之中。正因为马克思主义鲜明地代表广大劳动人民的利益，所以它一经产生，就具有磁铁般的吸引力，远在德国和欧洲境界以外，在世界的一切文明语言中都找到了拥护者。同时，马克思主义者以实现物质财富极大丰富、人民精神境界极大

① 《马克思恩格斯选集》，2 版，第 4 卷，258 页。

提高、每个人自由而全面发展的共产主义社会为社会理想，这体现了推翻资本主义旧世界、建设共产主义新世界的坚决革命性。

马克思主义的诞生，甚至也改变了资本主义的命运轨迹。法国大革命以后，当人类进入 19 世纪，资本主义取得了世界性的发展。当时的资产阶级政治家们迫不及待地宣称，人类已经进入了一个“永恒理性”的社会，但这不过是资产者的梦幻罢了。随着历史的发展，资本主义剥削的罪恶本质日益凸显，千百万遭受剥削压迫的无产阶级陷入了灾难的深渊。不甘于资本剥削和压迫的无产阶级，为了挣脱身上的镣铐，进行了一次又一次英勇的反抗和斗争。1831 年和 1834 年的两次里昂工人起义，1844 年的德国西里西亚纺织工人起义，都是无产阶级革命史册上伟大的壮举。但由于缺乏正确的政治思想作指导，这些起义都失败了。历史总是在回答它所提出的重大问题中前进的，正是由于 18、19 世纪人类进入资本主义时代以后所面临的种种特征和需要，代表着无产阶级先进思想的马克思主义才应运而生。而正是无产阶级的革命斗争，迫使资本主义也不得不进行了一系列的自我改良和调整，从而一定程度上延缓了资本主义的寿命。

马克思主义的革命性，也表现为它具有与时俱进的理论品质。正是一代又一代真正的马克思主义者，敢于把握时代脉搏，以坚持真理的巨大勇气和创造精神，在不断变化发展的时代风云中，以新的探索不断推动马克思主义向前发展。

第三，马克思主义具有持久的生命力。马克思主义是一个不断生长着的鲜活有机体，具有与时俱进的理论品格和持久的生命力。社会历史合乎规律地发展进步、人民群众认识和改造世界的伟大实践、科学技术的日新月异和突飞猛进，不断为马克思主义的生命体添加活力，使马克思主义的生命力愈加旺盛。马克思主义虽然诞生于 19 世纪，但绝没有停留在 19 世纪。作为一个以指导革命与建设为己任的开放的理论体系，马克思主义不但不排斥而且最能够吸收、提炼人类创造的一切科学知识，并将其运用于推动社会历史的进步。

160 多年来，它不断总结社会主义革命与建设成功和失败的经验教训，吸收、借鉴和融合各种优秀的思想文化成果，在继承中发展，在创新中前进，始终与时代同行、与实践同步。马克思主义 160 多年的历史，就是一部不断发展、完善和创新的马克思主义发展史。列宁把马克思主义基本原理同俄国具体实践和时代特征相结合，科学地回答了一系列工人阶级革命的新课题，使社会主义由理想变为现实。中国共产党人坚持把马克思主义基本原理同中国革命、建设和改革的具体实践相结合，先后创立了毛泽东思想、邓小平理论和“三个代表”重要思想，提出了科学发展观等一系列重大战略思想，生动而具体地坚持和发展了马克思主义，不断赋予马克思主义新的活力。

三、思想理论动力功能的新解读

张思德，一个在 1933 年就参加了红军的老同志，曾经在战斗中一人夺得敌人两挺机枪，多次负伤。经历三过草地的长征到达延安后，他的职务还只是一个班长。1942 年部队整编，他又到中央警卫团当普通战士。他经常做的事情就是打扫卫生、铺石垫路、修补窑洞、编草鞋、喂战马，样样事情都做得有声有色。1944 年，他主动报名到离延安 70 多里路的安塞县生产农场烧木炭。一天，炭窑在雨中崩塌，危急时刻，他一把将战士小白推出窑口，自己却被埋在土里牺牲了。

他没有留下什么豪言壮语，更没有留下到处传扬的大功大业，但却让人看到了普通共产党人的信仰和宗旨。在张思德的追悼会上，毛泽东把共产党人的宗旨概括为“为人民服务”，并说“我们这个队伍完全是为着解放人民的，是彻底地为人民的利益工作的”[①]。无论

① 《毛泽东选集》，2 版，第 3 卷，1004 页，北京，人民出版社，1991。

是革命年代、建设年代还是改革年代，共产主义信仰、为人民服务的宗旨都激励着无数共产党人投身到社会主义事业的建设中，对社会历史的发展起到了巨大的促进作用。

或许有人会提出疑问，难道马克思主义不是强调生产力才是推动人类社会进步的根本力量吗？共产主义理想信念能够推动社会历史的发展吗？问题提得很好，这里确实涉及一个重要的问题，就是如何完整、准确地学习和理解马克思主义。对此，恩格斯有过一段十分精彩的论述。恩格斯在 1890 年致约瑟夫·布洛赫的信中指出："根据唯物史观，历史过程中的决定性因素**归根到底**是现实生活的生产和再生产。无论马克思或我都从来没有肯定过比这更多的东西。"①恩格斯在这里从唯物主义的基本立场出发，充分肯定了生产力的状况是历史过程中的决定性因素，但同时请注意，恩格斯使用了一个特别重要的词汇——**归根到底**，并且以黑体加以突出，这是大有深意的。就经济基础和上层建筑的关系、生产实践与理论创造的关系而言，当然是经济基础和生产实践是本源的、决定性的。人类只有首先解决了吃、穿、住等最基本的需求，才可能有政治、宗教、文化等，即使是那些仰望星空的思想家们也是要在解决了这些基本需求后才可能进行理论的思考和创造。但这的确是"**归根到底**"而言的，就是说，就整个人类历史的长河来考察，人类从旧石器时代到新石器时代，再到农业文明时代，直至工业文明时代（工业文明又是从机械工业到机电工业，再到核工业，直至信息产业逐渐发展的），生产力的进步的确是本源的决定性因素。但这绝不是说对每一个具体的历史时期或历史事件的考察，都只有生产力这一个答案，如果试图用这个唯一的答案去回答历史的每一个进步，分析每一个具体的历史事件，那就毫无意义了。所以恩格斯接着说："如果有人在这里加以歪曲，说经济因素是**唯一**决定性的因素，那么他就是把

① 《马克思恩格斯文集》，第 10 卷，591 页。

这个命题变成毫无内容的、抽象的、荒诞无稽的空话。经济状况是基础，但是对历史斗争的进程发生影响并且在许多情况下主要是决定着这一斗争的**形式**的，还有上层建筑的各种因素……政治的、法律的和哲学的理论，宗教的观点以及它们向教义体系的进一步发展。”① 说得多么好啊，这才是真正深刻和完整的马克思主义。恩格斯这段话也清楚地表明，人类社会始终是一个生产力和生产关系、经济基础与上层建筑既矛盾运动又互为依存的有机整体；而思想意识形态作为社会上层建筑中居于核心地位的部分，对整个社会的价值取向、文化选择、精神面貌等又起着至关重要的引导作用。

历史发展的事实，充分证明了马克思主义关于哲学社会科学的重要性，特别是思想意识形态理论重要性的论述。古往今来，任何一个社会都必须有一个占主导地位的符合统治阶级利益的思想体系作为支撑社会稳定与进步的精神支柱，作为构筑整个社会上层建筑的思想基础。一个成熟的社会体系，不论具有何种社会经济形态，都需要经济、政治、思想、文化等各方面的全面进步和发展，都有着亘古不变的对精神与理性的追求。

在中国历史上，先秦诸子百家的思想繁荣成为中国历史上理论创新的一个重要标尺。后来，汉代董仲舒提出“罢黜百家、独尊儒术”并被当时及以后的封建统治阶级采纳，以孔孟学说为核心的儒家思想体系逐渐成为中国封建社会的正统思想。在漫长的历史过程中，儒家思想经由从孔子到宋明理学的不断丰富和积淀，最终形成了维系中国整个封建社会两千年发展的不可或缺的社会意识形态，并由此创造出了世界历史上空前繁荣的封建文化。当这种思想体系在进入近现代以来无法解决中国面临的种种现实问题，无法继续承载中国历史前进的车轮时，中国的封建文明也就无可挽救地走向了衰败。

---

① 《马克思恩格斯文集》，第10卷，591页。

而从世界范围来看，不可否认，发端于 14 世纪欧洲文艺复兴运动、成熟于 18 世纪法国启蒙思想家卢梭、伏尔泰、孟德斯鸠等人以及 19 世纪的黑格尔和费尔巴哈等为代表的西方资产阶级学者所创立的资产阶级思想体系，也在资产阶级建立政治统治以来的数百年间成为推动资产阶级革命、维护资本主义统治的思想及政治基础，成为资本主义社会占主导地位的社会意识形态。在资本主义取代封建主义的历史变革中，以及在资本主义发生、发展的早期，资产阶级思想体系确实发挥了非常革命的作用。甚至从一定意义上讲，人类在近代以来自然科学领域的重大突破也往往是以思想意识形态的突破为先导的。如果没有文艺复兴运动和资产阶级启蒙运动对封建神学的批判，18 世纪以来人类自然科学的突飞猛进是不可想象的。不要说难以发现真理，甚至真理就在面前也会失之交臂。哥白尼提出的“日心说”，在今天只不过是初中物理教材中的基本常识，但在思想意识形态没有重大突破以前、在宗教神学占据统治地位的当时，“日心说”却被视为异端邪说。为了宣传和捍卫这一科学真理，布鲁诺甚至付出了生命的代价。由此，思想意识形态对于社会进步的巨大推动作用可见一斑。

共产主义的理想信念，是马克思主义的核心价值。以马克思主义作为指导思想的中国共产党，只有坚守共产主义的理想信念，才能真正坚持以人民为主体，在中国特色社会主义的实践中，成为立党为公、执政为民的无产阶级政党，永远保持共产党人的先进性和纯洁性。

第四章

问题、迷雾与真理

我们要树立起坚定的社会主义理想信念，要自觉地接受马克思主义的科学真理，就必须拨开“马克思主义过时论”的重重迷雾。

一、坚持共产主义理想信念具有鲜明的现实针对性

“断头今日意如何？创业艰难百战多。此去泉台招旧部，旌旗十万斩阎罗。”这是陈毅在广东和江西边界的梅岭被敌人围困20多天后，奋笔写下的“绝笔”诗。死后也要召集那些此前牺牲的旧部，在阴间革阎王爷这个统治者的命！革命和写诗都到了不要命的境界，这样的信仰，该是何等彻底的自觉与豪迈。有什么力量可以战胜这样的共产党人呢？

目前，我国已进入经济社会快速发展和改革攻坚的关键时期，工业化、城镇化、市场化、国际化加快推进，经济体制深刻变革，社会结构深刻变动，利益格局深刻调整，思想观念深刻变化，这种空前广泛的社会变革必然给我国的经济社会带来各种深层次的矛盾，而这些“矛盾和问题”的突出表现是“四种考验”，即执政考验、改革开放考验、市场经济考验、外部环境考验。与革命战争年代的困难相比，这些考验并不小。当前提出坚持共产主义理想信念，是有效破解改革开放、市场经济、长期执政和外部环境四大考验的重要应对，即在物质利益诱惑强大的现实情况下如何坚定理想信念。

（1）执政考验。

这是一项根本性的综合考验，它主要体现在：第一，能否继续解放思想。从传统社会主义的教条主义、经验主义中解放出来，从西化的、封建的意识形态中解放出来。胡锦涛同志在《在庆祝中国共产党成立90周年大会上的讲话》中指出：“任何固守本本、漠视实践、超越或落后于实际生活的做法都不会得到成功。在历史上的一些时期，我们曾经犯过错误甚至遇到严重挫折，根本原因就在于当时的指导思想脱离了中国实际。”因此，应依据社会主义初级阶段的国情，进一步解放思想，借鉴世界文明的各项成果，走中国特色社会主义道路，构建中国特色社会主义理论体系，完善中国特色

社会主义制度。第二，能否迅速提高执政能力。探寻执政规律，提高执政能力是任何政党执政后的一项根本建设。中国共产党成为执政党后，面临的一个重大挑战就是如何使国家权力真正成为社会公共权力，实现向社会回归。社会主义国家必然要实现职能的转变，把公共服务的职能逐步地变为政府的职能，也就是建立服务型政府，提升政府公共服务供给能力。执政考验的重要方面就是能否改革和完善党的领导方式和执政方式，为群众提供优质化的公共服务，切实改善民生，实现共同富裕，从而实现党全心全意为人民服务的根本宗旨。当前紧要的是能否建立有效的公共服务体系，从制度层面解决民生问题。这包括建立现代化公民教育体系、建立和完善覆盖城乡的社会保障体系、实施扩大就业的发展战略、提供以预防为主的基本医疗服务、建立人人有房住的城乡住房保障制度、构建良好的生活环境等方面。

（2）改革开放考验。

推进改革开放和社会主义现代化建设是中国共产党在 90 年中带领人民所做的三件大事之一，是决定中国历史命运和未来前途的“四个选择”之一，“在近代以来中国社会发展进步的壮阔进程中，历史和人民选择了中国共产党，选择了马克思主义，选择了社会主义道路，选择了改革开放”。当前，改革开放考验的核心是能否进一步推进改革开放的问题，具体而言就是观念与路径之争。就观念而言是要不要深化改革开放。改革开放所取得的成绩举世瞩目，但在改革开放过程中也暴露出了深层次的问题，产生了新矛盾。正如邓小平所说：“发展起来以后的问题不比不发展时少。”面对这些问题和矛盾，一些群众和党员干部开始质疑甚至否定改革开放，认为新矛盾是改革开放引起的，对化解矛盾、解决问题持悲观态度，进而想走回头路。因此，面对改革开放的考验首先应从观念上澄清改革开放和新矛盾之间的关系，在改革开放过程中出现的新矛盾唯有在改革开放中才能得到更好的解决，真正懂得改革开放是决定当代中国命运的关键抉择。“改革开放符合党心民心、顺应时代潮流，方向和道路是完全正确的，成效和功绩不容否定，停顿和倒退没有出路。”[①] 改革开放考验的另一个重要方面就是如何推进改革开放。改革开放的30年是中国经济政治文化社会全面改革的30年。但随着改革的深入，改革的难度也越来越大。譬如，由于社会利益群体的分化，如何平衡社会各阶层的利益、促进社会和谐，对执政党而言，面临着越来越难的挑战。特别是在政治、文化和社会管理等领域，改革的任务更为繁重。应对这一考验，就必须从“顶层设计”的高度，以科学发展观为指导，真正体现改革以人为本的根本导向，具体地从经济建设、政治建设、文化建设、社会建设、生态文明建设各个方面有所突破、有所发展。

（3）市场经济考验。

从党的十四大提出社会主义经济体制改革目标至今，我国已经初步建立了社会主义市场经济体制，但是这一体制仍不健全，仍存在一些新的矛盾。这些新矛盾具体体现在：第一，如何进一步完善社会主义市场经济的问题。如宏观经济调控能否摆脱计划经济思维，用经济和法律手段代替行政手段；国有经济与民营经济能否得到同等待遇；政治资本与商业资本能否恪守各自的运行空间，防止出现苏联式的“权贵经济”。第二，中国共产党作为执政党在市场经济环境下如何进行政治定位的问题。市场经济条件下，党和政府部门的基本职能本应是创造良好的发展条件，提供更加优质的公共服务，维护社会公平正义，切实维护群众利益，而从现实来看，由于坚持政府主导型增长方式，许多地方政府将经济增长等同于发展，政治定位逐渐模糊。如为了发展经济，一些地方政府偏向资本一方，损害了群众利益，其结果会动摇党的群众基础。如果各级党委政府坚

① 胡锦涛：《高举中国特色社会主义伟大旗帜　为夺取全面建设小康社会新胜利而奋斗——在中国共产党第十七次全国代表大会上的报告》，10页，北京，人民出版社，2007。

定不移地站在群众一边，坚决维护群众利益，又可能引起投资方的顾虑。共产党如何自我定位、明确自身职能，不仅是一个处理矛盾的技术问题，还牵涉到基本的国家制度问题。第三，如何应对市场经济理念对党的思想作风的冲击。市场经济是迄今为止人类经济社会活动资源配置的最佳组织方式和制度形态，但是市场经济本身也对人类的社会生活方式和价值观产生了深刻影响，包括追逐利润最大化的价值观。这一系列思想，渗透到权力运行中就会产生权钱交易，腐蚀党的精神与作风，尤其是会导致官员腐败，所以胡锦涛同志《在庆祝中国共产党成立 90 周年大会上的讲话》中把“消极腐败”作为我们党急需解决的“四大危险”之一，并用四个“更加”强调反腐的紧迫感：更加突出的位置、更加坚定的信心、更加坚决的态度、更加有力的举措。党的十八大报告更加尖锐地指出，反腐败问题解决不好，就会对党造成致命伤害，甚至亡党亡国。这些论断时刻提醒我们，执政党的执政地位并非一劳永逸的，惩治腐败方能实现民族复兴。

（4）外部环境考验。

其核心就是中国共产党如何应对全球一体化挑战，如何统筹好国内国外两个大局问题。后金融危机时代，世界政治经济不确定性明显增加，当今世界正处于大发展大变革大调整时期，当代中国面临的外部环境考验更加严峻，主要表现在：1）应对西方政治图谋的挑战。国际敌对势力对社会主义中国的“分化”和“西化”的图谋从未改变，在信息化时代呈现出战术更加隐蔽的特点，例如以思想启蒙、文化交流等方式有目的性地引导中国舆论，误导中国青少年。宣称中国将成为世界强国、中国模式代表世界发展的方向，“中国威胁论”、“中国责任论”等唱衰和捧杀手段并用，威逼利诱并举。扶植“疆独”、“藏独”等境外反华势力、恐怖势力，威胁我国边疆稳定。2）应对经济全球化的挑战。经济全球化是一把双刃剑，一方面带来资源的全球配置和产业链的全球布局，把效率和机会扩展到世界各地，促进了各国生产力的发展和世界经济的增长；另一方面，不公平不合理的国际旧秩序并未根本改变，经济全球化加剧了各国经济的不平衡，并把无序、危机和侵略扩散到世界各地，此次金融危机使其负面影响更加凸显。面对社会转型时期出现的各种矛盾，我们不应消极避让、视而不见，而应该主动正视社会变革带来的矛盾。①

执政考验、改革开放考验、市场经济考验、外部环境考验在一定程度上导致了部分党员干部思想的混乱。这表明，加强全党的马克思主义价值观教育，坚定党员干部的理想信念，是党的思想建设的当务之急。当前，部分党员干部和群众有两种心理：一是对社会主义基本制度不满，原有的理想信念日益淡漠。美国学者大卫·科茨在研究苏联解体原因时指出，“在 1990 年，已经有将近 10 万苏联中上层领导开始背弃共产主义”。在苏联面临经济困境的情况下，部分领导干部把一切责任都归结到社会主义制度上，认为这个制度存在先天缺陷，要求彻底改变制度以拯救国家。二是部分党员干部和群众虽然还愿意保持革命时期的精神状态，但是对于物质利益诉求日益强烈，要求不断改善生活与调动积极性的内在关联日益明显，如果引导不力，则可能因理想和现实的反差而动摇理想信念。苏联没有能够有效应对这一挑战，因而西方很得意地宣称苏东剧变是被“可口可乐和爵士音乐打垮了”。

今天理想信念问题如此突出，既有国际环境的原因，又有个人原因。从国际环境来看，苏东剧变以来，世界共产主义运动陷入低潮。苏联模式的失败被西方学者称为社会主义的失败，福山说历史终结于资本主义制度。中国的改革开放、建立社会会主义市场经济体制被污称为放弃社会主义而向西方文明回归。西方的这种逻辑，

---

① 参见孙怀山：《直面“四个考验”防范“四个危险”》，载《人民政协报》，2011-08-06。

是把消解共产主义理想信念作为向社会主义国家渗透的出发点，从而最终颠覆社会主义制度。马克思早就指出，无产阶级革命“不能从过去，而只能从未来汲取自己的诗情”①。无论革命时期还是建设时期，对于马克思主义的坚定信仰，并因此而团结带领全体人民共同奋斗，是我们取得成功的根本原因。

就个人原因而言，在中国共产党党内，一些党员在思想上、世界观方面对自己没有要求，对作为党的行动指南的马克思主义没有明确认识，“一些党员、干部忽视理论学习、学用脱节，理想信念动摇，对马克思主义信仰不坚定，对中国特色社会主义缺乏信心”②。这不仅成为党在今天妨碍自己履行历史使命的首要问题，而且显现了当下信仰问题的症结所在。共产党人要把共产主义作为自己的理想信念，做一名真正的共产主义者。

邓小平指出：“如果我们不是马克思主义者，没有对马克思主义的充分信仰，或者不是把马克思主义同中国自己的实际相结合，走自己的道路，中国革命就搞不成功，中国现在还会是四分五裂，没有独立，也没有统一。对马克思主义的信仰，是中国革命胜利的一种精神动力。”③ 因此，党的十七届四中全会强调，“把理想信念教育作为全党学习践行社会主义核心价值体系的重中之重”，“做共产主义远大理想和中国特色社会主义共同理想的坚定信仰者”。

二、拨开“马克思主义过时论”的重重迷雾

应对四大考验，坚持共产主义理想信念，我们有必要回应国际

---

① 《马克思恩格斯选集》，2 版，第 1 卷，587 页。

② 《中共中央关于加强和改进新形势下党的建设若干重大问题的决定》，见人民网，2009－09－28。

③ 《邓小平文选》，1 版，第 3 卷，63 页。

社会和个别领导干部头脑中的一个问题:“马克思主义过时论”。正确认识这个问题,有利于澄清西方社会对马克思主义理论和社会主义制度的误解,有利于人们坚定共产主义的理想信念。

在全球化背景下,资本主义内部的各种痼疾纷纷显露,特别是2008年金融危机的爆发,更让西方人开始质疑资本主义制度的合理性和生命力。英国著名的思想家特里·伊格尔顿撰写了《马克思为什么是对的》一书,这部书厘清了人们对马克思主义的错误认识,并对十个西方常见的否定马克思主义、宣扬马克思主义过时了的观点逐一进行了反驳,引起西方社会的普遍关注和争议。美国亚马逊网站读者认为,“面对当前已经如行尸走肉般的资本主义,这本书回归到马克思的基本思想,并发掘出其哲学理论中的本质力量。他没有回避马克思思想中的不足,但又充分阐述了马克思对当今社会强大的影响力”。只要马克思恩格斯所批判的社会主题仍然存在,社会仍然存在剥削、压迫等,那么马克思主义就没有过时。

从《共产党宣言》发表到现在,国际共产主义运动已经走过了160多年的发展历程。其间,既有高歌猛进的灿烂辉煌,也经历过艰难坎坷的挫折失败。马克思主义理论本身,更是经历了太多的磨难、太多的质疑、太多的攻击、太多的歪曲。

在这些形形色色的反马克思主义和非马克思主义的思潮和倾向中,既有来自马克思主义的公开敌人的西方资产阶级、国内资产阶级自由化鼓吹者的诽谤和攻击;也有来自于那些打着马克思主义旗号实则是无产阶级叛徒或机会主义者的歪曲与诬陷;还有相当一部分则来自于我们自身由于对马克思主义的知之甚少或理解偏差而产生的模糊认识。就其理论形态而言,其中最具蛊惑性和喧嚣一时、并产生了极大危害的,就是所谓的“马克思主义过时论”。一些对马克思主义所知甚少的人似乎是想当然的断论:马克思主义诞生在19世纪中叶,距今已经160多年了,拿160多年前的理论来指导我们今天的实践，当然是过时了。而那些马克思主义的公开的敌人和内部的叛徒，则到处公开宣扬“马克思主义过时论”。

我们要树立起坚定的社会主义理想信念，要自觉地接受马克思主义的科学真理，就必须拨开“马克思主义过时论”的重重迷雾。这是当前马克思主义理论教育中一个重要的现实课题。

1. “马克思主义过时论”的由来和一般特征

这股诋毁马克思主义“过时”的思潮源头，可以追溯到 19 世纪末 20 世纪初以伯恩施坦为代表的第二国际修正主义。伯恩施坦在 1896 年到 1898 年间发表的关于“社会主义问题”的系列论文中，特别是在 1899 年抛出的《社会主义的前提和社会民主党的任务》一书中，抓住马克思主义理论中某些在特定历史阶段提出的个别观点和结论的“过时”，进而断言马克思主义的整个思想体系都“已经过时”了。

160 多年来，这种“马克思主义过时论”的喧嚣不绝于耳，尤其当国际共产主义运动处于低潮时期，或者社会主义革命和建设遭到暂时挫折之后，“马克思主义过时论”就更加甚嚣尘上，并且还在不断地变换手法：

比如，先把马克思主义当成包医百病的灵丹妙药，试图把在社会生活中遇到的一切问题都从马克思主义的著作中找到答案。一旦找不到现成答案，便转而责怪马克思主义“已经过时”。有的人把马克思主义人为地分成所谓“革命的历史的马克思主义”和“建设的现代的马克思主义”，再借口历史阶段的变化，宣扬本体的马克思主义是 19 世纪的理论，本质上只适应于革命和战争的年代，而不再适应于和平与发展的建设时代。有人以“主题转移”为论据，公然提出：“以无产阶级革命为主题”的马克思主义，“已经不足以解决现时代和我国社会主义初级阶段所面临的许多重大原则问题”，“马克思主义经典理论，特别是自列宁以来所形成的传统马克思主义已经与当前时代行进的步伐不尽合拍，已经远不能适应时代发展的要求”①。

又比如，借口现实社会主义所遇到的暂时挫折，将其归罪于马克思主义。苏东剧变后，一些西方资产阶级学者急不可待地宣布社会主义、马克思主义遭到了“大失败”，借以说明马克思主义在理论上已经落后于发展了的实践。国内，在我们党全面纠正“文革”错误、拨乱反正之时，也有一些人利用我国社会主义建设的失误，企图否定马克思主义对当代中国革命和建设的指导作用。

再比如，借口 160 多年来人类知识的高速增长，把马克思主义归为一种“陈旧的知识”。按照这种说法，马克思主义思想体系不过是一个纯知识体系或一种纯学术流派，并且这一学术流派从 1848 年诞生到现在已经 160 多年了，这 160 多年来人类知识的发展又是空前的，已经进入了所谓的“知识爆炸”、“信息爆炸”的年代，知识更新的周期越来越短，所以马克思主义作为一种知识形态在当代的存在就不可避免地已经陈旧。

这种“马克思主义过时论”的误导，确实在一定程度上导致了思想理论界的混乱，也确实有不少人（包括一些共产党员）在资产阶级自由化的毒雾侵袭下丧失了或者是严重削弱了对马克思主义的信仰，“马克思主义过时论”在这部分人中得到了一定程度的认同。这种状况的严重性在于，一旦在对待马克思主义理论指导的问题上出现认识的偏差，就必然导致人们对坚持共产党的领导、坚持社会主义道路的正确性产生怀疑和动摇，就必然会给我们的社会主义事业带来严重的危害。

2. 揭穿“马克思主义过时论”的谬误本质

列宁在揭露种种反马克思主义或假马克思主义骗子的惯用手法

① 余征主编：《真理的追求——十年文萃》，814 页。

时，曾一针见血地说过，把显然荒谬的观点强加给对方，然后再加以驳斥，是一种典型的机会主义的表现。对照一下不同版本的“马克思主义过时论”，不难发现其基本的手法其实都如出一辙。

譬如，那种以实用主义的态度把马克思主义当作灵丹妙药的人，其实是从根本上歪曲了马克思主义内在的科学属性。还在 1843 年马克思主义学说开始创立的早期，不是别人，而正是马克思本人就郑重地声明：“我不主张我们竖起任何教条主义的旗帜。”① “我们不想教条式地预料未来，而只是希望在批判旧世界中发现新世界。”② 对于那些总想在现成的理论中寻找解决社会问题的标准答案的人，马克思作了无情的嘲讽：如果一切都有现成答案的话，那么“愚昧的凡俗世界只需张开嘴来接受绝对科学的烤松鸡就得了”③。马克思所始终坚持的，是一种大无畏的科学的批判精神。他说：我们“**要对现存的一切进行无情的批判**，所谓无情，意义有二，即这种批判不怕自己所作的结论，临到触犯当权者时也不退缩”④。

特别值得指出的是，当马克思主义理论已经成为国际工人阶级普遍的革命指南时，马克思主义的创始人反而更加迫切地一再提醒后人，千万不能把马克思主义教条化、不能神话。1890 年，恩格斯在致保·恩斯特的信中明确指出：“如果不把唯物主义方法当作研究历史的指南，而把它当作现成的公式，按照它来剪裁各种历史事实，那末它就会转变为自己的对立物。”⑤ 1895 年，在恩格斯生命的最后岁月，这位伟大的无产阶级革命导师所念念不忘的还是告诫后人，一定要正确地看待马克思的学说。在致威·桑巴特的信中，恩格斯再一次指出：“马克思的整个世界观不是教义，而是方法。它提供的不是现成的教条，而是进一步研究的出发点和供这种研究**使用**的方法。”⑥ 从马克思、恩格斯到列宁，到毛泽东、邓小平、江泽民再到

①②③④《马克思恩格斯全集》，中文 1 版，第 1 卷，416 页。

⑤ 《马克思恩格斯全集》，中文 1 版，第 37 卷，410 页，北京，人民出版社，1971。

⑥ 《马克思恩格斯选集》，2 版，第 4 卷，742～743 页。

胡锦涛，一切真正的马克思主义者正是本着这样一种科学的精神去思考、去探索，从而在实践的土壤中不断发展、创新马克思主义的思想体系，使马克思主义的理论之树常青。那种把马克思主义当作一成不变的教条，再加以批驳为“过时”的论调，自以为得计，其实不过是一出自欺欺人的闹剧罢了。

再如所谓的“知识陈旧论”，其立论的依据就更站不住脚了。它基于知识体系提出的时间的先后顺序和存在的长短，就断言那些先提出的存在时间较长的知识必然陈旧，实际是完全抛弃了形成知识价值的质的规定性，是一种极端的形而上学。知识的现实价值并不以提出时间的长短为转移，而是以这些知识提出的客观关系是否还存在为转移，也就是说，就知识的真理性而言，绝无新旧之分，只有真理与谬误之分。马克思主义作为无产阶级的世界观和方法论，作为人类由资本主义过渡到社会主义的根本的理论指南，是一个完整的有机的相互联系的科学体系。因此，如果仅对马克思主义一知半解，抓住某个观点而忽视甚至完全看不到它与整个体系的联系，就对马克思主义说三道四甚至横加指责，就只能是一些毫无道理的主观臆断。而“马克思主义过时论”一类的谬论，所玩弄的一个经常性的手法，就是割裂、肢解或歪曲马克思主义的完整体系，以典型的形而上学方法“攻其一点，不及其余”。

那种以二战后一些发达资本主义国家继续取得经济发展的现状，就断言马克思所预言的资本主义必然灭亡的历史结论“已经落后于实际”、“已经过时”的论调，其实是根本不懂得（如果不是故意的）：马克思主义的这一结论是基于人类历史的发展是“一种自然史的过程”[①] 的辩证唯物史观，从透视资本主义社会的全部发展趋势上得出的。也就是说，资本主义本身也是一个自然的历史过程，说其

① 《马克思恩格斯选集》，2版，第2卷，102页，北京，人民出版社，1995。

必然灭亡，是指构成这一社会的最基本的矛盾冲突最终必将导致资本主义生产方式被彻底打破，这是资本主义发展不以人的意志为转移的必然结局。既然它是一个历史过程，当然就不是短期内可以完成的。而尤为重要的是，马克思从未否定过资本主义在其发展过程的一定阶段上生产力的继续进步，正是马克思恩格斯指出："资产阶级争得自己的阶级统治地位还不到一百年，它所造成的生产力却比过去世世代代总共造成的生产力还要大，还要多。"[①] 也是马克思告诫人们："无论哪一个社会形态，在它所能容纳的全部生产力发挥出来以前，是决不会灭亡的"[②]。二战以来，资本主义世界确实发生了一些新变化，如国家调控能力在一定程度上的增强以及新技术革命的发生，特别是由于世界经济发展的不平衡，各主要资本主义国家对第三世界国家的剥削和压榨变本加厉等原因，使资本主义的生产力得到了进一步的发展。但从根本上讲，提出资本主义必然灭亡这一结论的最本质的客观关系——生产的社会化和私人占有生产资料之间的矛盾不仅依然存在，而且越来越成为资本主义生产力进一步发展的障碍。

由此看来，只要我们全面准确地学习和领会了马克思主义的思想体系，真正从理论的高度分析清楚种种"马克思主义过时论"的荒谬实质，这些蛊惑人心的谎言是不难被揭穿的。

3. 马克思主义依然是当今时代共产党人革命、建设和改革的指南

如前所述，一种知识体系的现实价值并不以提出时间的长短为转移，而是以这些知识提出的客观关系是否还存在为转移。也就是说，评判马克思主义理论是否"过时"的一个关键点，就是看这个理论是否脱离开了它赖以产生和存在的时代条件。列宁说过："在分析任何一个社

① 《马克思恩格斯全集》，中文1版，第4卷，471页，北京，人民出版社，1958。
② 《马克思恩格斯选集》，2版，第2卷，33页。

会问题时，马克思主义理论的绝对要求，就是要把问题提到**一定的**历史范围之内"①。研究马克思主义是否“过时”，应当首先判明马克思主义所处的“**一定的**历史范围”，也就是其所处时代的本质。

对于我们当今所处时代的基本界定，国内理论界多有论述。较有代表性的如中国人民大学许征帆教授、北京大学钟哲民教授、中国社会科学院何方研究员等都有专著或专论，但其看法却不尽相同。

许征帆、钟哲民的共同看法是：应当用郑重的、科学的态度去考察和识别时代，反对滥用“时代”这个概念。认为马克思主义所谈的时代，绝大多数是指“大的历史时代”。根据160多年来世界历史的客观实践和对世界形势的估量，我们今天所处的这个“大的历史时代”应该是人类从资本主义逐步向社会主义（共产主义的第一阶段）过渡的时代。在这样一个很长的大过渡时代中，会出现若干发展阶段并有其不同的特征。②

何方则认为，邓小平提出的和平与发展是当代世界的主题，是对我们所处时代的基本特征和发展趋势的高度概括。其他提法，不是已经过时，就是不够完全和准确。包括“从资本主义向社会主义过渡的时代”的观点，也是过去我们长期受教条主义的束缚和极左思想的干扰，认识始终滞留在革命导师六、七十年前所研究和论述的范围内而得出的结论。③

这是当前国内理论界在时代问题上的两种较具代表性的观点。笔者认同第一种观点，即我们的时代依然处在“资本主义向社会主义过渡的大的历史时代”。

“时代”本身不应当是一个抽象的概念，每一个历史时代都是

① 《列宁选集》，3版，第2卷，375页。

② 参见许征帆：《时代风云变幻中的马克思主义》，4～12页，北京，中国人民大学出版社，1996；钟哲民：《马克思主义与我们的时代》，见《马克思主义与当代中国》，168～170页，北京，北京大学出版社，1999。

③ 参见何方：《论和平与发展时代》，58～65页，北京，世界知识出版社，2000。

现实的客观的存在。但如何界定“时代”，却不是一件易事。我们经常可以听到关于“时代”的种种说法，如所谓“工业时代”、“信息时代”、“斯大林时代”、“毛泽东时代”、“改革开放时代”，等等，其实都是从不同的角度来谈论“时代”。那么，界定时代的最本质、最重要的因素是什么呢？对此，列宁作出了科学的回答。列宁在他的《打着别人的旗帜》中明确指出：我们所谈的时代，是指“大的历史时代”[①]。按照列宁的思想，每一个历史时代都是相对于另一个历史时代而提出的，而如何界定一个新的时代呢？必须“首先分析从一个时代转变到另一个时代的客观条件”[②]。而这种“客观条件”，主要又是指“**哪一个阶级**是这个或那个时代的中心，决定着时代的主要内容、时代发展的主要方向、时代的历史背景的主要特点等等”[③]。

按照列宁这一思路的提示，如果以一个新的阶级成为历史的主角而开始一个新的历史时代的话，我们就不难对我们所处的“大的历史时代”作出一个明晰的界定：那就是世界正处在资本主义向社会主义过渡的时代。我们知道，《共产党宣言》的发表，标志着马克思主义的诞生，也标志着一个新的历史时代的来临——作为资本主义和资产阶级掘墓人的无产阶级登上了历史舞台。无产阶级在马克思主义指导下，为推翻资产阶级的阶级统治而英勇斗争，无产阶级革命成为了这一时代的中心。列宁领导的十月革命，催生了人类历史上第一个崭新的社会主义国家，中国革命的胜利更加深刻地改变了世界格局。社会主义和资本主义的尖锐对立构成了整个世界最基本的矛盾和特征并由此决定着时代的主要内容、时代发展的主要方向，等等。

作为一个“大的历史时代”，总是一个比较漫长的历史过程。以

---

① 《列宁全集》，中文2版，第26卷，143页。
② 同上书，142～143页。
③ 同上书，143页。

封建主义向资本主义过渡这样一个历史时代而言，如果从封建社会中第三等级（资产阶级）崛起并逐渐走上历史的主舞台计算，这一时代前后经历了约 500 年（从 14 世纪欧洲文艺复兴运动到法国大革命）。在保持着时代的基本矛盾和最主要的特征的同时，这样一个漫长的历史时代当然也不是一成不变的，即在“大的历史时代”中会出现若干个“小时代”，实际就是在“大的历史时代”条件下的各个发展阶段。这种所谓的“小时代”其实是相对于“大的历史时代”提出的但又是必然受到“大的历史时代”影响和支配的一个历史概念。可以理解为“大的历史时代”中不同的发展阶段和时期，也包括在“大的历史时代”背景下出现的某些特殊的阶段和情况。每个时代都有而且总会有个别的、局部的、有时前进、有时后退的运动，都有而且总会有各种偏离运动的一般形式和一般速度的情形。这种情况无论是在封建主义向资本主义过渡的时代中，还是在资本主义向社会主义过渡的时代中都发生过，前者如法国路易·波拿巴的复辟，后者如苏联解体、东欧剧变这样的偏离社会主义发展方向的倒退。但就像波拿巴的复辟并不能改变当时最基本的时代本质一样，苏东的变化也不可能改变我们这一时代的本质。

但是说到底，任何一个“小时代”的出现又都不是偶然的，它依然是“大的历史时代”的本质特征的反应，依然是“大的历史时代”的产物。不是吗？正因为我们正处在世界从资本主义向社会主义过渡的时代，所以，资本主义与社会主义的较量就异常激烈。资本主义势力绝不甘愿自行退出历史舞台，在相当一段时期内资本主义势力和资产阶级意识形态还相当强大。国际资本主义利用种种手段对抗社会主义，压制、渗透、颠覆社会主义国家的行径一天都没有停止过，恰恰是深刻反映了“大的历史时代”的最本质的矛盾。当然“小时代”也可能在一定程度上对“大的历史时代”的历史进程产生影响，但终归不可能改变“大的历史时代”的根本特征。

还需要说明的是，我们通常所说的“时代”和“时代主题”是两个虽有联系却并不相同的概念。一般说来，一个“大的历史时代”总要经历一个相当长的历史阶段。在这个大的历史发展的过程中，不同的发展阶段会提出不同的时代主题。比如，中国革命在不同的发展阶段，就面临着不同的时代主题。正确认识和解决时代主题提出的问题，革命就会发展，就会前进。如在新民主主义革命阶段，时代向中国共产党人提出的主题是推翻“三座大山”，建立人民民主专政的国家。而在社会主义阶段，我们面临的时代主题则是“发展生产力，解放生产力”，建设社会主义现代化国家。不难看出，这些不同时期和阶段上的“时代主题”，又都是在整个世界范围内资本主义开始向社会主义过渡这一大的历史趋势、这一“大的历史时代”下发生的。如果离开了这个“大的历史时代”的前提，无论是新民主主义革命还是社会主义革命就都无从谈起。同时，每一个发展阶段的时代主题，也都要服从、服务于“大的历史时代”的本质要求。我们现在讲“和平与发展”是当前时代的主题，与我们处在“资本主义向社会主义过渡的大的历史时代”并不矛盾，它反映了当今世界资本主义和社会主义“一球两制、长期并存、既有合作、更有竞争”的格局。我们利用和平的环境，尽快发展自己，正是为了最终战胜资本主义。

作为伟大的马克思主义者和战略家，毛泽东洞察世界的远见卓识是永远值得我们学习的。1976 年，毛泽东主席在最后一次会见美国总统尼克松时，向声称“为了和平而来”的尼克松问了一个直截了当又极为深刻的问题：“和平是美国的唯一目标吗?”面对毛泽东主席非凡的洞察力，尼克松没有撒谎，他告诉毛泽东：“我们的目标是和平，但是这种和平不只是没有战争，这是‘一种正义的和平’。”尼克松坦言：“和平不是最后的目的，只是必要的开端。和平应是实现一个更高的目的的手段，这个目的就是人人都能享有自由、正义和进步的福祉的新世界。”① 在这些华丽的辞藻后面，尼克松说得够

① ［美］尼克松：《透视新世界》，100～101 页，北京，中国言实出版社，2000。

清楚了，那就是资本主义也要和平与发展，但在这种和平与发展的背后，是资本主义战胜社会主义的图谋。对此，我们还能认为说当今时代处在“资本主义向社会主义过渡的大的历史时代”是一种“已经过时”的说法吗？因此，只要我们依然处在这样一个“大的历史时代”中，作为深刻反映了这一时代本质的马克思主义就永远也不会过时。

当前，随着全球化的逐步深入，它既显示出了人类的创造力，同时也给人类带来了突出的问题，如全球合作与冲突、资本全球化与政治区域化、文化交锋与宗教冲突、政治霸权与价值冲突以及席卷全球的经济危机，等等。各种危机、困境和冲突实质上折射出人类存在和发展在人与自然、人与人、人与社会等各个基本维度方面出现的深刻危机。

因此，负责任的马克思主义研究应该重点推进马克思主义时代化。马克思主义时代化是马克思主义生命力的关键所在，能从理论层面上澄清“马克思主义过时论”的论断。从本质上说，马克思主义时代化是马克思主义与时俱进理论品质的集中体现，其当代意义和实践价值主要体现在共产党人“与时代发展同步伐”上。马克思恩格斯曾明确指出，共产党在当前的运动中同时代表着运动的未来。这表明“与时代发展同步伐”是马克思主义政党的突出特点和本质规定，这一特点和性质决定了“与时代发展同步伐”是共产党人的重要力量源泉。

当前，马克思主义时代化可以从原则、论域、范式三个方面进行深入研究。第一，研究的基本原则要坚持。研究马克思主义时代化的内容，应遵循以下基本原则：（1）回到马克思与发展马克思的统一。马克思主义时代化研究，一要遵循整体性原则，通过认真研读马克思主义创始人原生态著作回到马克思；二是坚持全球化视野，诊断提炼时代发展问题。从文本中，我们可以根据新的时代变化，发现文本中原来被忽略的处于萌芽中的重要思想和某些论断，可以对原来的论述进行新的理解，以获得新的启发。我们要在马克思主义原生态思想和时代问题的互动中彰显马克思主义的生命力，通过回到马克思来促进马克思主义时代化研究，以马克思主义时代化的理论成果来发展马克思。（2）理论逻辑与现实逻辑的统一。就前者而言，马克思主义时代化研究应围绕人类社会发展和人类解放进程这一理论逻辑展开，梳理马克思恩格斯原初思想与列宁主义、毛泽东思想、西方马克思主义、后马克思主义以及东欧新马克思主义在何种意义上是一脉相承的。就后者而言，马克思主义时代化研究要围绕各个时代的突出问题，尤其是资本主义的结构变化、社会主义实践的变化、人类实践方式和人类社会运动方式的变化以及人本身的变化。通过遵循现实逻辑与理论逻辑的统一，马克思主义时代化研究以其多维度、多侧面穿越历史间距，审视复杂的社会现实。（3）中国向度与世界向度的统一。马克思主义时代化，一方面要直面世界各国发展过程中遇到的共同问题，探索出中国的解决之道，为世界和平与发展增加中国的理论元素，从而为其他国家健康发展提供理论借鉴；另一方面提炼世界其他国家的发展经验，使中国科学发展之路具有国际视野和世界眼光，从而促进中国特色社会主义现代化建设。也就是说，我们既要做到把中国的发展放在世界范围来考察，也要用世界眼光来审视中国的发展。最终，通过研究马克思主义时代化，在促进解决中国实践问题的同时，也有利于世界其他国家实践问题的解决，实现中国向度与世界向度的统一。

第二，研究的论域要拓展。马克思主义时代化研究要避免成为“许多规定的综合”、“多样性的统一”。这样的研究成果往往给人一种空泛的、大而化之的感觉，粗看起来很有道理，但深究起来，往往难以以理服人。因此，深化马克思主义时代化研究要转向议题的微观化和视角的多元化。这种转换有利于马克思主义更好地直面时代化问题，从而做到与时俱进。以法兰克福学派为例，以霍克海默为代表的第一代学者对法西斯主义、单向度的人的生存状况的极权主义问题的分析，以哈贝马斯为代表的第二代学者对资本主义社会生活世界殖民化问题的诊断，以霍奈特为代表的第三代学者对少数、弱势群体被蔑视的道德经验的关注等，都是对马克思主义研究领域不断拓展的典型范例；同时，法兰克福学派在继承马克思主义异化理论和批判精神的基础上，还借助韦伯的现代化理论和弗洛伊德的精神分析理论等多元化视角研究社会问题。法兰克福学派之所以在西方马克思主义史上一直占据一席之地，与它们以微观视角切中和分析现实问题的研究思路有很大关系。

立足于时代发展的共识性问题，马克思主义时代化研究议题的选择要重点关注以下十大具体问题：发展性问题、全球化问题、资本问题、全球经济社会治理问题、全球生态问题、公平正义问题、贫富差距问题、现代性问题、当代人类异化与解放问题、安全问题。

第三，研究范式要强化微观范式。受传统研究范式的影响，马克思主义时代化研究在采用宏观解读和宏大叙事研究范式的同时，要更加注重马克思主义时代化微观问题研究。当今时代，社会现实发生了重大变化，突出表现在社会结构呈差异化和多态化，运行方式与控制机制呈非中心化和弥散化。面对变化了的社会现实，宏观解读范式往往会成为缺乏创造力和解释力的抽象教条和思辨理论推演，难以准确切中微观问题。社会现实的变化要求我们的研究应从宏大叙事向微观叙事、从宏观理论范式向微观理论范式转变。当然，这种研究范式的转换并不是要抛弃宏观理论范式，因为“不存在绝对的宏观解释模式或者微观解释模式，一种健全的和富有解释力的社会历史理论，一定是兼顾宏观分析和微观分析，一方面善于根据特定的社会历史现实而突出其中的某一个维度，另一方面又善于保持二者间的有机结合，不会用其中的一个维度来否定或取消另一个维度”。如果采用微观解读和微观叙事来补充和完善宏观理论范式，马克思主义时代化研究就能够切中和穿透当今时代的社会历史现实，取得包含着丰富多样性和差异性，包含着丰富的创造性空间的社会历史规律性的认识。这正是马克思所强调的，摆脱了思辨抽象性的具体：“具体之所以具体，因为它是许多规定的综合，因而是多样性的统一。”①

三、历经风雨而不衰败的马克思主义

1913年，列宁在为纪念马克思逝世30周年而作的《马克思学说的历史命运》一文中，把马克思主义诞生以来的世界历史分为三个主要时期：“（1）从1848年革命到巴黎公社（1871年）；（2）从巴黎公社到俄国革命（1905年）；（3）从这次俄国革命至今。”② 在这近70年的历史变迁中，马克思主义经历了曲折的发展。“在第一个时期的开头，马克思学说决不是占统治地位的。它不过是无数社会主义派别或思潮中的一个而已。”③ 但当到了“第一个时期（1848—1871年）即风暴和革命时期的末尾，马克思以前的社会主义已**奄奄一息**”④。也就是说，这一时期，马克思的学说已经成为工人运动中占统治地位的主导意识形态。而在第二个时期（1872—1904年），马克思主义在聚集和团结无产阶级的力量、创建社会主义政党、指导社会主义运动的发展方向等各个方面，已经“获得了完全的胜利，并且**广泛传播开来**”⑤。对于第三个时期（1905年以后），列宁则毫不怀疑地断言：“即将来临的历史时期，定会使马克思主义这个无产阶级的学说获得更大的胜利。”⑥

历史的发展，充分证明了列宁论断的英明。就在四年以后的1917年，伟大的十月革命获得了成功，社会主义的理想和理论第一次成为活生生的社会现实。尔后，马克思学说又从俄国传入东

① 《马克思恩格斯选集》，2版，第2卷，18页。
②③《列宁选集》，3版，第2卷，305页。
④ 同上书，306页。
⑤ 同上书，307页。
⑥ 同上书，308页。

方古老的大国——中国，并在32年后的1949年结出了革命胜利的硕果。在以后的岁月中，马克思主义的发展尽管也经历了种种坎坷，但始终在变幻的时代风云中砥柱中流，傲立于理论之林。

1998年，在《共产党宣言》发表150周年之际，全世界的人们仍然在马克思学说那里寻找思想的武器，以期能应对诸多的当代社会问题和全球性问题，从而出现了一股“回归马克思”的热潮。法国《人道报》在报道1998年巴黎“第二届国际马克思大会”时有一段生动的描述：“今年（1998年），从纽约到东京，从圣保罗到耶路撒冷，从新德里到伦敦，到处都奏起了《共产党宣言》的乐章……《宣言》对21世纪仍将产生重要影响。”“马克思主义没有死，马克思仍然活着。”①

2008年《共产党宣言》发表160周年之际，世界爆发了全球范围内的经济危机。面对危机，美国总统奥巴马讲过一句经典的话语：“我们不是因为历史的意外才走到这一步，是华尔街的贪婪与不负责任造成今天这样的局面。”奥巴马的坦率在于他起码没有掩盖资本的贪婪本性。但如何不限于感受现象，而是深入思考在资本逻辑支配下构建起来的当今社会制度和世界秩序，是摆在世界各国思想界面前更为严峻的挑战。正是在面对这一挑战的过程中，马克思主义又一次出现了复兴。

面对全球范围内的经济危机，许多人走进书店，重新捧起了马克思的经典著作《资本论》，试图从中找到资本主义金融危机产生的根源。人们开始承认，马克思主义所揭示的资本主义的矛盾和经济社会发展规律依然正确。英国《泰晤士报》2008年11月20日报道说，金融危机使西方人突然重视马克思的《资本论》了。在德国，随着损失惨重的商业人士努力寻找造成这场金融危机的根源，德文

① 转引自靳辉明：《千年伟人马克思》，见余征主编：《真理的追求——十年文萃》，833页。

版的《资本论》开始热销。一名出版社经理说："马克思再一次成为了时髦。我们又有了对这场金融危机感到恼火的新一代读者，他们认识到新自由主义最终证明是一个虚假的梦。"德国马克思故居展览馆馆长比特里克斯则说："我记不清听到人们这样讲了多少次：'这个人是对的'。"① 2011年8月29日，澳大利亚《悉尼先驱晨报》发表了瑞士银行资深经济顾问乔治·马格努斯的文章，题目为"卡尔·马克思能挽救资本主义吗?"。文章指出："对于努力要理解金融恐慌、各种抗议和其他影响世界的种种弊病的决策者来说，研读一下早就离世的经济学家卡尔·马克思的著作大有好处。"英国《金融时报》专栏作家塞缪尔·布里坦更是一针见血地指出："几乎每次发生影响经济的周期性危机时，总会有人发出声音，声称'还是马克思说得对'。几年前，人们曾看到尼古拉·萨科齐引人注目地紧抓着一本《资本论》，而最近几周，包括努里尔·鲁比尼和乔治·马格努斯在内的金融权威们，也都曾撰文提及这位共产主义思想家。而当经济复苏时，这一口号就会消失，下次再发生经济萧条时又会再次出现。"

马克思主义能够在一个半世纪里保持旺盛的生命力，以摧枯拉朽的力量改变着世界的面貌，深刻影响了世界历史的进程，既源于马克思主义基本原理的正确性和基本方法的科学性，也源于马克思主义具有与时俱进的理论品质。正是一代又一代真正的马克思主义者，敢于把握时代脉搏，以坚持真理的巨大勇气和创造精神，在不断变化发展的时代风云中，一切从实际出发，以新的探索不断推动马克思主义向前发展。

1. 马克思主义是与时俱进的科学体系

杰出的马克思主义理论家、德国共产党的创始人和领导人卢森堡

① 《欧洲争论资本主义的出路，马克思〈资本论〉再度畅销》，载《环球时报》，2008-11-21。

早在100多年前，就针对修正主义者攻击马克思主义已经“过时”、是限制独立思想活动的“框框”等谬论，十分明确地指出，马克思主义绝不是停滞不前不再发展的理论，但是发展马克思主义只能在马克思开辟的道路上前进。对马克思主义采取教条主义的态度或者采取想摆脱马克思的思想以证明自己思想独立性的态度，都是错误的。卢森堡的这一提示对我们今天正确对待马克思主义的理论是极具现实意义的。

事实证明，在社会主义运动的实践中，放弃或背离马克思主义的基本方向，就将使社会主义失去灵魂，就会在资产阶级意识形态或各种腐朽文化的侵蚀下，完全丧失无产阶级的先进性，社会主义国家就会改变颜色。但另一方面，如果把马克思主义变成了一成不变的僵死教条，变成空洞无物的简单说教，脱离了社会主义活生生的现实实践，同样不会有说服力，也同样会丧失生命力。在前苏联和我国的社会主义历程中，都曾有过这两方面的深刻教训。

相对说来，对于那种公开背弃马克思主义的行径，人们比较容易识别并引起警惕。而对于那种打着马克思主义的旗号实则是把马克思主义教条化的、以“左”的面目出现的假马克思主义，则往往具有更大的欺骗性。但具有讽刺意味的是，往往也总是那些“左的不得了”的“马克思主义者”，先是把马克思主义当作神圣的教条，完全置不断发展变化的客观实际于不顾，只会玩弄马克思主义经典作家的只言片语，当作标签似的贴来贴去。而当这种僵死的教条在现实面前碰了壁，使革命和建设遭到重大挫折时，则马上又陷入悲观失望甚至公开地背弃马克思主义。毛泽东曾以中国革命的例证形象地说明过此类问题，他强调：“本本主义的社会科学研究法也同样是最危险的，甚至可能走上反革命的道路，中国有许多专门从书本上讨生活的从事社会科学研究的共产党员，不是一批一批地成了反革命吗？就是明显的证据。”① 从危害和葬送社会主义运动的最终结

① 《毛泽东选集》，2版，第1卷，111页，北京，人民出版社，1991。

果来看，无论是“左”的教条主义或者右的修正主义并没有截然的分界线。

卢森堡曾经说过：“每一个时代自己塑造它的人才，当时代对理论工作提出实际需要时，实际需要本身会创造出满足这一需要的人才。”① 确实，在马克思恩格斯逝世以后，随着无产阶级革命运动的发展，每一个时代都有它的理论代表，但并不是每一个代表人物都能满足时代的需要。在自由资本主义向垄断资本主义转变的过程中，马克思主义的营垒里曾经出现过三个代表人物：一个是伯恩施坦，他面对着资本主义的新变化，始而怀疑马克思主义，进而主张对马克思主义理论进行“批判性的清算”，完全放弃了科学社会主义的一般原理和社会主义的最终目的，完全走向了马克思主义的对立面；一个是 19 世纪末德国社会民主党最主要的领导人、第二国际最负盛名的马克思主义理论家考茨基，他曾经同伯恩施坦作过坚决的斗争，但是他后来认为帝国主义只是资产阶级为解决经济发展过程中出现的工农业比例失调问题而采取的扩张政策，而不是资本主义发展的一个阶段，从而看不到帝国主义时代出现的革命形势，后来甚至攻击和诋毁俄国十月革命后建立的无产阶级专政，因此不仅没有赢得对伯恩施坦批判的胜利，反而走上了另一条修正主义的道路；再一个是列宁（也包括卢森堡），他认真而又深入地研究了资本主义的新变化，同时又以鲜明的态度批判了伯恩施坦对马克思主义的背叛，他强调资本主义已经发展到垄断资本主义即帝国主义阶段，指出帝国主义是无产阶级革命的前夜，同时又以鲜明的态度批判了考茨基的陈腐之见和对无产阶级革命与无产阶级专政的背叛。这三个代表人物，在马克思主义同时代、形势和实践的关系问题上，一个是与时动摇，直至背叛马克思主义；一个是与时不变，走向马克思主义的反面；一个是与时俱进，创造性地发展了马克思主义。

① 《卢森堡文选》，上卷，472 页，北京，人民出版社，1984。

这些情况，在我们党的历史上也多次发生过。毛泽东把第一种情况称为“反马克思主义”，把第二种情况称为“假马克思主义”，第三种情况才是“真正的马克思主义”、“实事求是的马克思主义”、“创造性的马克思主义”。他特别强调要区分后两种情况。比如，毛泽东在1941年9月10日写的《反对主观主义和宗派主义》一文中指出：“这是因为这些主观主义者自称为‘国际路线’，穿上马克思主义的外衣，是假马克思主义。”[①] 他还强调，“要分清创造性的马克思主义和教条式的马克思主义”[②]；“宣传创造性的马克思主义”[③]。因为，“创造性的马克思主义”就是能够理论联系实践的、与时俱进的马克思主义。

在我国从“以阶级斗争为纲”到以经济建设为中心的历史大转折过程中，在改革开放和社会主义现代化建设的每一个重大的历史关头，也经常出现这样三种情况：第一种是面对新事物新问题，不能与时俱进，而是怀疑和否定马克思主义的科学性，甚至走向资产阶级自由化的道路；第二种是面对新时期新现象，也不能与时俱进，而是简单地套用马克思主义的条条，故步自封、不思进取，搞“左”的一套；第三种是认真研究新情况新问题，坚持科学理论的指导，与时俱进，在理论与实际的结合中解放思想、实事求是，进行理论创新。从邓小平、江泽民到胡锦涛，从来都主张要反对右的和“左”的错误倾向，坚持理论与实际相结合，以实践为检验真理的唯一标准，进行实践创新和理论创新，坚持和发展马克思主义。这才从根本上保证了我国的改革开放和社会主义现代化建设能够坚持正确的政治方向，不断解决新情况新问题，经受住各种风险的考验，在人民群众的创造性实践中开拓前进。

马克思主义始终严格地以客观事实为依据，而实际生活总是在

---

① 《毛泽东文集》，第2卷，372页，北京，人民出版社，1993。

② 同上书，373页。

③ 同上书，374页。

不停地变动之中，马克思主义必须与时俱进，才能表现出强大的生命力。列宁主义、毛泽东思想、邓小平理论的相继创立，正是马克思主义随时代、实践和科学的发展而不断发展所经历的几个阶段性的表现形态。列宁关于一国可以首先取得社会主义革命胜利的新结论，毛泽东关于农村包围城市、最后夺取城市的革命道路的理论，邓小平关于建设有中国特色社会主义理论的论断，都保持了与时俱进的理论品质，这正是马克思主义长盛不衰的奥秘所在。

同时，马克思主义还是一个开放的体系，是在批判地吸收世界上一切文明成果的基础上形成的人类思想的科学结晶。

马克思主义不是凭空产生的，它的理论来源于批判地继承了19世纪德国古典哲学、英国古典政治经济学和法国空想社会主义，还吸收了人类有史以来的自然科学成果。马克思主义要继续丰富、发展，同样离不开不断吸收世界文明的新成果。列宁精辟地指出：如果以为“不掌握人类积累起来的知识就能成为共产主义者，那你们就犯了极大的错误……共产主义是从人类知识的总和中产生出来的，马克思主义就是这方面的典范”①。“马克思主义这一革命无产阶级的思想体系赢得了世界历史性的意义，是因为它并没有抛弃资产阶级时代最宝贵的成就，相反却吸收和改造了两千多年来人类思想和文化发展中一切有价值的东西。”②

特别是在思想观念多样化的今天，马克思主义要在意识领域内巩固其指导地位，必须具有和发扬这种精神，把世界上产生的一切新的文明成果都及时地批判吸收过来，不断地丰富和发展自己。只有这样，才能对生活爱好多样和思想认识有差异的广大群众保持其强大的吸引力，对他们的思想意识起引导和整合的作用。如果割断马克思主义与历史、与世界先进文明成果的联系，就将使马克思主

① 《列宁选集》，3版，第4卷，284页，北京，人民出版社，1995。

② 同上书，299页。

义蜕变为狭隘的、僵化的、与世隔绝的东西，完全丧失其科学性。

2. 把握马克思主义的科学方法

列宁认为，人类的哲学史，如果简略地来说也就是整个认识的历史。这一提示无疑是非常有意义的。

人类活动的根本目的是为了改造世界，而要改造世界则必须先认识世界。这就要求人们必须首先研究思维如何反映（认识）存在以及怎样才能把握存在；研究获得真理性认识的具体道路以及检验这种认识的客观标准是什么——这是人类认识世界不可回避的首要命题，也是哲学成为一种普遍性和概括性的科学，能够对人类发展的不同时代产生重大影响的原因所在。

面对人类认识的这一重大命题，从古希腊的哲学家到 19 世纪的黑格尔和费尔巴哈，不同时代和不同阶级的思想家们都站在各自的立场上提出了他们的见解，形成了各不相同的世界观和方法论，对推动人类认识的发展作出了各自的贡献。但由于历史的局限及阶级的局限等种种主客观原因，他们的学说（包括旧唯物主义和具有辩证法思想的唯心主义学派等），总有这样那样的缺陷，都难以提出一种能够全面、深刻、准确地认识人类社会运动发展规律的宇宙观。

马克思主义的伟大历史功绩正是第一次科学地解决了上述人类认识的重大课题——这就是辩证唯物主义和历史唯物主义的创立。它科学地揭示了人的认识的唯一来源是客观存在的物质世界，但人对客观世界的认识又是一种能动的认识（即通过人类生动的实践活动去认识）；客观决定主观，主观又反过来作用于客观。也是马克思主义第一次把社会实践科学地引入到认识论中，才真正解决了获得真理性认识的具体道路和判别真理的客观标准问题。正是马克思主义提出：在理论思维中，逻辑必须与历史的发展相统一，“历史从哪里开始，逻辑也就从哪里开始”；正是马克思主义强调：分析任何一个社会问题，都“要把问题提到一定的历史范围内”。

正是以这样一些方法去考察和分析历史与现实的社会，马克思主义才第一次对人类社会的发展作出了逻辑与历史完全统一的客观判断，所以说马克思主义的认识论的诞生，是人类认识史上伟大的革命性变革。

事实上，马克思主义之所以伟大正确，不仅在于辩证唯物主义和历史唯物主义是科学的世界观和方法论，还在于它的创始人也是自觉地运用唯物辩证法认识论的光辉典范，因而其创始人提出的许多基本结论能经受住历史的检验，历经风雨而毫不退色。因此，尽管在马克思主义诞生后，有不少资产阶级学者和形形色色的机会主义者纷纷提出了一些“新”的理论，企图“超越”马克思主义，但在马克思主义严密的科学体系面前只能是碰得头破血流。法国哲学家萨特曾说“马克思主义是当代唯一不可超越的哲学”。

我们当然不可能要求马克思和列宁能够对他们身后世界的每一点具体变化都做出精确的描述。面对当今资本主义世界、社会主义国家以及世界形势的格局和力量配置方面出现的许多前所未有的新情况、新特点和新问题，我们却依然能够运用马克思主义理论的基本方法去分析、研究和把握，这正是马克思主义的强大生命力之所在。马克思列宁主义还要在实践中不断发展，马克思主义没有穷尽真理——这本身就是马克思主义的一个重要结论。恩格斯就曾多次讲：“马克思的整个世界观不是教义，而是方法。”① 恩格斯还谆谆告诫后人不要过分推敲他们的每一字句，“而要始终注意到总的联系”②。所以，对马克思主义的发展只能是基于坚持马克思的基本立场、观点和方法，在实践中不断丰富马克思主义的学说，面对各种复杂情况应像马克思那样去思考问题，从而有力地把握现实和未来。

说到底，掌握马克思主义科学理论的关键，我们应当重点把握好以下几个方面的内容：

---

① 《马克思恩格斯选集》，2版，第4卷，742页。

② 《马克思恩格斯全集》，中文1版，第39卷，201页，北京，人民出版社，1974。

其一，要从理论与实践的关系上来把握其本质。我们说马克思主义是科学的，首先就在于马克思主义从本质上讲是实践的革命的科学，它来源于实践并以实践作为检验其真理性认识的唯一标准。马克思主义之前哲学上的所有认识论，之所以是非科学的，根本原因就在于，它们不懂得实践在认识过程中的决定作用。如同马克思所指出的："从前的一切唯物主义（包括费尔巴哈的唯物主义）的主要缺点是：对对象、现实、感性，只是从**客体**的**或者直观**的形式去理解，而不是把它们当作**感性的人的活动**，当作**实践**去理解，不是从主体方面去理解"[①]，而"**能动的**方面却被唯心主义抽象地发展了，当然，唯心主义是不知道现实的、感性的活动本身的"[②]，即不知道实践本身。马克思主义最具革命性的发现，就是提出了实践在认识真理过程中的决定作用。而社会实践又总是不断发展的、变化的，因而理论也要不断回答实践提出的新问题，它不可能是教义、不可能是一成不变的僵死的教条。

其二，要正确认识马克思主义的"普遍真理性"与"某些个别的结论和观点已经落后于发展了实际"的辩证关系。这其实就是理论本身发展的辩证法，是理论本身的新陈代谢。真理作为主体对客体的正确反映，是主观和客观的符合与一致，而客观世界是在不断发展变化的，人的认识也是在不断发展变化的，因而，真理又是一个动态的过程。马克思主义的基本原理是"放之四海而皆准"的真理，但即使是这些真理也必须"放"到实践中去、也必须与具体的实际相结合。反之，如果固守这些基本理论而脱离现实则是没有任何意义的。1894年，列宁在《什么是"人民之友"以及他们如何攻击社会民主党人?》中说过："马克思认为他的理论的全部价值在于这个理论'按其本质来说，它是批判的和革命的'。"[③] 在同一篇文章

①②《马克思恩格斯选集》，2版，第1卷，54页。

③ 《列宁全集》，中文2版，第1卷，291页，北京，人民出版社，1984。

中，列宁还说过这是“马克思理论的全部精华”①。

其三，要正确认识马克思主义发展过程中的前进性与曲折性、连续性与阶段性的关系。既要看到马克思主义发展的总体趋势是前进的，又要看到马克思主义发展过程中必然出现的艰难与曲折，因而要认清历史发展的总趋势，掌握社会发展规律，坚定革命信念。同时要认识马克思主义发展的连续性，即马克思主义的最本质的东西是一以贯之的，但在不同的历史时期又会打上时代的烙印，具有一定的“阶段性”。列宁主义、毛泽东思想和中国特色社会主义理论体系都有时代性、阶段性的特点，这就体现了马克思主义在发展。

其四，要正确认识马克思主义在发展过程中批判继承借鉴与发展创新的关系。列宁认为，马克思主义并没有离开人类文明发展的大道，因此，从孔夫子到孙中山，我们都要继承，取其精华，去其糟粕。但更要根据时代的发展，重在创新。列宁讲过，马克思主义的科学性和革命性是内在的不可分离地融为一体的，马克思主义不承认任何僵死的凝固不变的东西。而人们对于马克思主义的认识，也是在实践过程中，特别是在同关于马克思主义的错误思想的斗争中不断发展的。

马克思主义具有与时俱进的理论品质，从马克思列宁主义到毛泽东思想再到中国特色社会主义理论体系，马克思主义总是随着时代的发展而发展，保持着勃勃的生机。我们可以毫不怀疑地说，只要如何认识世界和改造世界依然是共产党人实践的永恒命题，马克思主义的基本理论就永远不会过时。

3. 把握马克思主义的最重要的基本理论

马克思主义既要随着实践的发展而发展，又要一以贯之地坚持其基本的立场、观点和方法。特别要着重指出的是，马克思主义的

① 《列宁全集》，中文2版，第1卷，292页。

与时俱进，必须是在坚持马克思主义基本原理基础上的与时俱进。这一点尤其重要，在马克思主义理论教育中，绝不能把“与时俱进”庸俗化，当作一个到处张贴的时髦标签，绝不能丢掉马克思主义理论中那些最核心的部分。下面举其要者进行扼要说明：

(1) 历史唯物主义。

马克思早年就说过：“人民的最美好、最珍贵、最隐蔽的精髓都汇集在哲学思想里。”[①] “任何真正的哲学都是自己时代的精神上的精华”[②]。那么，在马克思主义哲学体系中，历史唯物主义（亦称唯物史观）又无疑是最具有根本性、独创性、革命性的部分，是马克思主义全部学说中最核心的精华。马克思主义哲学史表明，正是在马克思创立唯物史观的过程中，才实现了唯物论与辩证法的有机结合，从这个意义上讲，辩证唯物主义的创立也是以唯物史观的创立为前提的。同时，唯物史观在整个人类思想史上也是最具有独创性的重大发现，因为在唯物史观诞生前的一切哲学中（包括费尔巴哈的唯物主义），一旦进入历史领域就完全陷入了唯心主义的泥淖。也正是以历史唯物主义的方法来研究社会和历史，马克思主义才揭示了社会主义代替资本主义的历史规律，才得出了“资产阶级的灭亡和无产阶级的胜利是同样不可避免的”[③] 革命性结论。

科学社会主义的诸多原理，诸如无产阶级政党原理、无产阶级革命原理、无产阶级专政原理、社会主义制度的构想、马克思主义的价值观，等等，从根本上讲都是从唯物史观大树上开出的花，结出的果！由于唯物史观所具有的这种根本性、独创性和革命性的特征，使得它自然成为马克思主义学说的精华，也成为资产阶级攻击马克思主义的主要目标。列宁在 1915 年 5—6 月撰写的《第二国际

① 《马克思恩格斯全集》，中文 2 版，第 1 卷，219～220 页，北京，人民出版社，1995。

② 同上书，220 页。

③ 《马克思恩格斯全集》，中文 1 版，第 23 卷，832 页。

的破产》中，曾经一针见血地揭穿了以司徒卢威为代表的俄国资产者同时也是国际资产阶级理论家们“妄想‘用温和的手段’杀死马克思主义，用拥抱，用仿佛承认马克思主义中**除了**‘煽动性的’、‘蛊惑性的’、‘布朗基式空想主义的’方面**以外**的‘一切’‘真正科学的’方面和成分这种手段来杀死马克思主义。换句话说，采取马克思主义中为自由派资产阶级所能接受的一切东西，直到争取改良的斗争，直到阶级斗争（不要无产阶级专政），直到‘笼统地’承认‘社会主义的理想’，承认资本主义要被一种‘新制度’所代替，而‘唯独’抛弃马克思主义的活的灵魂，‘唯独’抛弃它的革命性”①。这里，作为马克思主义的敌人最害怕、最仇恨的“革命性”，其实就是历史唯物主义。所以，恩格斯才把唯物史观称为是马克思一生中最重要的两大发现之一。

（2）剩余价值学说。

剩余价值学说是马克思主义最重要的两大发现之一。在《资本论》第一卷中，包含了马克思主义经济理论的核心部分，即真正科学的剩余价值学说。剩余价值学说可以说是最深刻、最准确地揭露了资本主义剥削的本质，揭露了资本剥削是一种“用最残酷无情的野蛮手段，在最下流、最龌龊、最卑鄙和最可恶的贪欲的驱使下完成的”②。剩余价值学说使工人阶级能够真正认识到自己在资本主义条件下的历史地位和命运，是无产阶级革命的原动力。马克思在揭露了资本主义剥削的实质以后，又详尽地分析了资本家在获取了大量剩余价值之后，还要将其继续转化为资本再去获取更多的剩余价值的事实，从而进一步揭露了资本积累的秘密。在资本的这种剥削本质的驱使下，“社会的财富即执行职能的资本越大，它的增长的规模和能力越大，从而无产阶级的绝对数量和他们的劳动生产力越大，

① 《列宁选集》，3版，第2卷，469页。

② 《马克思恩格斯全集》，中文1版，第23卷，830页。

产业后备军也就越大……最后，工人阶级中贫苦阶层和产业后备军越大，官方认为需要救济的贫民也就越多。**这就是资本主义积累的绝对的、一般的规律**”①。这就说明了在资本主义条件下必然会出现一端是资本家巨额财富的积累、一端则是工人阶级贫困积累的资本运动规律。剩余价值和与其直接关联的资本积累，必然使资本主义的阶级矛盾、社会矛盾日趋加剧，它的最终发展必然如同马克思所说的那样：“资本的垄断成了与这种垄断一起并在这种垄断之下繁盛起来的生产方式的桎梏。生产资料的集中和劳动的社会化，达到了同它们的资本主义外壳不能相容的地步。这个外壳就要炸毁了。资本主义私有制的丧钟就要响了。剥夺者就要被剥夺了。”②

步入21世纪，面对当代资本主义出现的许多新变化，面对我国现阶段客观存在着的一些问题，我们承认不承认剩余价值学说和资本积累的规律，已经不是一个单纯的学术理论问题，而是一个还承认不承认社会主义必然代替资本主义的历史规律的重大问题。2008年的经济危机，再次向人们证明了剩余价值规律仍然是资本主义的绝对规律。华尔街的决策者们为了最大限度地追求利润，无所不能地利用金融衍生工具，无节制地进行投机、放贷，结果引发了全球性的经济危机。作为“人格化”的资本，华尔街决策者的所作所为并不是个人品质的反映，而是资本本性的反映。资本追逐剩余价值是没有界限的，要它们改变这种本性也是不可能的。在资本主义世界里，资本的本性决定了剩余价值规律依然是资本主义世界的绝对规律。

(3) 实践的唯物主义。

马克思恩格斯在他们合著的《德意志意识形态》一文中，第一次提出了“**实践的**唯物主义”的概念。他们指出，“对**实践的**唯物主

① 《马克思恩格斯全集》，中文1版，第23卷，707页。

② 同上书，831～832页。

义者即**共产主义者**来说，全部问题都在于使现存世界革命化，实际地反对并改变现存的事物”[①]，从而把实践作为他们创立新哲学的基点。因此，在讲清历史唯物主义一般原理时，应特别注重对“实践”范畴的学习和理解。事实上，实践的确是一个容易引起人们误解的术语。一方面，就“实践”概念而言，在马克思之前，就曾被诸如赫斯等许多哲学家使用过；另一方面，也确有一些人形而上学地把“实践”概念抽象化，从本质主义的立场出发，把实践看作世界的本原。马克思当然是首先反对根本不承认实践意义的观点，他在批判以费尔巴哈为代表的直观的唯物主义时指出：“社会生活在本质上是**实践的**”[②]，“直观的唯物主义，即不是把感性理解为实践活动的唯物主义至多也只能达到对单个人和市民社会的直观”[③]。从马克思开始，一切真正的马克思主义者无不十分重视实践的观点。列宁提出：“生活、实践的观点，应该是认识论的首要的和基本的观点。”[④] 毛泽东进一步阐发：“真理的标准只能是社会的实践。实践的观点是辩证唯物论的认识论之第一的和基本的观点。”[⑤] 邓小平在“文革”结束后，领导和支持了关于“实践是检验真理的唯一标准”的大讨论。可见，作为科学的世界观——实践活动的唯物主义，从马克思到邓小平是一脉相承的。但必须指出，马克思主义的所有的“实践”概念，都不是指抽象的实践范畴，而是指每个特定历史时代的有着具体、现实的社会规定性的实践。作为表现人对自然界的能动关系的物质生产活动的实践，只能是在一定社会关系形式下的人和物、主体和客体相统一的能动的生活过程。对此，马克思写于1852年的《路易·波拿巴的雾月十八日》一文中，讲得十分明白：“人们自己创造自己

① 《马克思恩格斯选集》，2版，第1卷，75页。
② 同上书，56页。
③ 同上书，56～57页。
④ 《列宁选集》，3版，第2卷，103页。
⑤ 《毛泽东选集》，2版，第1卷，284页。

的历史，但是他们并不是随心所欲地创造，并不是在他们自己选定的条件下创造，而是在直接碰到的、既定的、从过去承继下来的条件下创造。”① 这就说明，我们在充分肯定和强调实践作用的同时，也一定要正确理解马克思主义的实践含义，反对那种把实践当作世界本原的极端的“实践唯物主义”，因为它最终必然会滑向唯心主义。

（4）人民群众在历史发展中的决定作用。

在马克思主义以前的一切历史观，都是忽视人民群众的。历代的剥削阶级统治者，都认为历史是由少数统治阶级的“智者”和“精英”们创造的。马克思主义的诞生，第一次使人民成为了历史的主人。马克思明确地反对英雄史观，十分重视群众的历史主动性，主张历史活动是群众的事业，“历史上的活动和思想都是‘群众’的思想和活动”②。无论在革命时期还是建设时期，列宁都相信和依靠广大人民群众，他认为：“生气勃勃的创造性的社会主义是由人民群众自己创立的。”③ “只有相信人民的人，只有投入生气勃勃的人民创造力泉源中去的人，才能获得胜利并保持政权。”④ 毛泽东不仅明确指出：“人民，只有人民，才是创造历史的真正动力”，并且在实践中尤为重视依靠人民，发展出了一整套群众路线的工作方法。邓小平进一步把人民“拥护不拥护”、“赞成不赞成”、“高兴不高兴”、“答应不答应”作为党制定各项方针的出发点和归宿。江泽民同志提出的“三个代表”重要思想也明确把代表最广大人民群众的根本利益作为最基本的出发点和落脚点。胡锦涛同志指出，科学发展观的核心是以人为本，党和政府要“坚持发展为了人民、发展依靠人民、发展成果由人民共享”。在党的十八大报告中，胡锦涛同志在概括中

---

① 《马克思恩格斯选集》，2版，第1卷，585页。

② 《马克思恩格斯全集》，中文1版，第2卷，103页，北京，人民出版社，1957。

③ 《列宁全集》，中文2版，第33卷，53页，北京，人民出版社，1985。

④ 同上书，57页。

国特色社会主义道路的本质特征时，更是把坚持人民主体地位放在首位，彰显了中国共产党人立党为公、执政为民的崇高理念，更是共产主义理想在现实中的生动体现。

可见，作为科学的历史动力观——人民群众创造历史，从马克思到胡锦涛也是一脉相承的。真正懂得人民群众的历史作用，对坚定共产主义信念是极为重要的。毛泽东曾把走与工农相结合的道路看作青年成长的必由之路。今天，我们能否真正实现全面建成小康社会和建成富强民主文明和谐的社会主义现代化国家的宏伟目标，在根本上取决于我们能不能与广大人民群众一起奋斗。

（5）共产主义的最终目标。

共产党人不屑于隐瞒自己的观点和意图，从马克思主义诞生的那一刻起，马克思主义就向世界公开宣告：我们的最终目标是共产主义。对于共产主义的未来，恩格斯认为最好的表述是下列一段话："代替那存在着阶级和阶级对立的资产阶级旧社会的，将是这样一个联合体，在那里，每个人的自由发展是一切人的自由发展的条件。"①共产主义是一个联合体，它不是压抑个人自由发展的"虚假的集体"，而是使其中每个人都能自由发展的"真实的集体"。要建立这样的自由人的联合体，需要创设必要的条件，即生产力的高度发展，使一切社会财富资源都充分地涌现出来，随之人的思想道德素质空前提高，足以彻底打破资产阶级权利的狭隘观点等。这样一个美好的社会远景，需要经历一个很长的包含一系列过渡阶段的历史过程，需要为实现这一最终目标而进行实际的运动。历代马克思主义者在不同的历史时期，根据现实的历史条件为实现一定阶段的革命、建设和改革任务而奋斗时，从来都没有忘记实现共产主义的最终目标，而是把实现现阶段的革命和建设任务看成是为将来最终实现共产主义的一个必要的实际步骤。正如《共产党宣言》所指出的："共产党

① 《马克思恩格斯选集》，2版，第1卷，294页。

人为工人阶级的最近的目的和利益而斗争，但是他们在当前的运动中同时代表运动的未来。”① 世界经济危机再一次呈现出了人的异化状态，表明即使是在西方发达国家人们仍处于资本的枷锁之中。法国《世界报》2008 年 10 月 17 日发表了法国著名理论家阿兰·巴迪乌论当前金融危机的文章。阿兰·巴迪乌认为，世界金融危机使广大民众认识到，人类解放的主题从来没有失去它的效应，而共产主义恰恰体现了人类解放的主题即人的自由而全面的发展。“毫无疑问，‘共产主义’一词正体现了这一主题，但却被贬低和侮辱了。但是现在，‘共产主义’一词的消失只是便宜了既有秩序的支持者，也就是当前危机大片中的演员们。我们要重新提倡共产主义，并使它更为明晰……共产主义用最激进的方式打破了传统观念，提出了社会中每个人的自由发展是所有人自由发展的条件。”

① 《马克思恩格斯选集》，2 版，第 1 卷，306 页。

第五章

架起通往理想彼岸的桥梁

现实可能性不等于直接的现实，理想变为现实是一条充满艰难险阻的曲折之路，有赖于持之以恒的实践活动的连通。实践，只有实践，才是通往理想彼岸的桥梁。

2012年11月17日，新当选为总书记的习近平同志在十八届中共中央政治局第一次集体学习时，再次强调了党的十八大报告的一个重要论断："坚定理想信念，坚守共产党人精神追求。对马克思主义的信仰，对社会主义和共产主义的信念，是共产党人的政治灵魂，是共产党人经受住任何考验的精神支柱。"习近平同志还用了一个十分形象的比喻，他说，理想信念就是共产党人精神上的"钙"，没有理想信念，理想信念不坚定，精神上就会"缺钙"，就会得"软骨病"。也就是说，一个人的理想信念坚定不坚定，最终是要通过他的行为表现出来的。这就说明，理想信念不仅是一个思想认识问题，更是一个实践问题。理想变为现实是一条充满艰难险阻的曲折之路，有赖于持之以恒的实践活动的连通。实践，只有实践，才是通往理想彼岸的桥梁。

一、共产主义运动的现实实践：旗帜与道路

任何崇高理想的实现，总是要既立志高远，又始于足下。中国共产党人的根本使命是实现共产主义的远大理想，中国共产党人当代的任务是践行中国特色社会主义共同理想。

实现建设富强民主文明和谐的社会主义现代化国家的目标，是当代中国共产党人为实现共产主义远大理想而进行的现实的运动。这一现实实践的主题，首先就是坚定不移地走中国特色社会主义道路，在科学发展观的指导下实现国家的繁荣富强。当代中国的最大国情、最大实际是社会主义初级阶段。经过60多年的建设，我国国民生产总值已经居世界第二位。中国从一个一穷二白的旧中国，发展到工业大、农业稳、国防强、人民富的中国，创造了令世界惊叹的"中国奇迹"。但是，我们也应清醒地认识到，我国仍处于并将长期处于社会主义初级阶段的基本国情没有变，人民日益增长的物质文化需要同落后的社会生产之间的矛盾这一社会主要矛盾没有变。

面对基本国情，习近平同志在新一届中央政治局常委同中外记者见面会上指出，“我们的人民热爱生活，期盼有更好的教育、更稳定的工作、更满意的收入、更可靠的社会保障、更高水平的医疗卫生服务、更舒适的居住条件、更优美的环境，期盼孩子们能成长得更好、工作得更好、生活得更好。人民对美好生活的向往，就是我们的奋斗目标”。这“十个更”既体现了中国人民对美好生活的新期待，又体现了新一代领导人为人民福祉努力工作，带领全国人民建设更美好生活的信心和决心。立足基本国情，满足人民期待，我们要始终高举中国特色社会主义旗帜。

每当重要历史时刻，举什么旗、走什么路的问题总会突出地摆在人们面前。鸦片战争以来中国陷入了四分五裂、贫穷落后的境地，中国人民就一直为寻找救国图强道路而上下求索，但无论是旧式的农民起义、封建统治阶级自强，还是资产阶级改良派和资产阶级革命派的努力，都没能改变中国半殖民地半封建的社会性质和中国人民的悲惨命运。自从有了中国共产党，并带领人民经过浴血奋斗，才实现了民族独立和人民解放，建立新中国，开始走向团结进步、繁荣富强的发展历程。这一伟大的历程揭示出一个历史性结论：只有社会主义才能拯救中国，只有中国特色社会主义才能发展中国。党的十八大报告明确指出，我们既不走封闭僵化的老路，也不走改旗易帜的邪路。坚决抵制抛弃社会主义的各种错误主张，自觉纠正超越阶段的错误观念和政策措施。坚定不移高举中国特色社会主义伟大旗帜，坚定不移地走中国特色社会主义道路。

旗帜引领方向。在中国特色社会主义伟大旗帜指引下，党和人民不为任何风险所惧、不为任何干扰所惑，不动摇、不懈怠、不折腾，奋发有为、开拓进取，推动经济发展、促进社会和谐、改善人民生活、增进人民福祉。沧桑巨变的“中国奇迹”令世界惊叹，独具特色的“中国道路”令世界瞩目。伦敦政治经济学院亚洲研究中心的高级客座研究员马丁·雅克认为，从国际贸易角度来看，目前中国已是世界上最大的出口国，早在2007年中国在商品出口份额上就超过了美国。在可以预期的未来，中国将成为世界上很多重要国家的最大贸易伙伴，这绝对是一个引人注目的变化，同时也意味着中国将在世界各地留下足迹，与世界各地建立经济联系，具备对世界各国的重要性，并且经济上的这一转变还会衍生出一些政治意义上的结果。这种增长趋势还将继续下去，未来中国的贸易经济规模将远大于美国。他还从人民币崛起的角度来审视过去30年的变化。他认为，2008年年末，中国开始在中国大陆以外的地区发行人民币，尤其是在贸易结算中开始使用人民币，现在中国每年大约有10%的国际贸易都通过人民币来结算。人民币地位的提升，必将成为中国金融和经济实力的一个重要特征。与此同时，人民币的崛起将以某种方式导致美元国际贸易体系中的地位的衰落。金融危机之后，美元已无法再维持其世界储备货币的地位，未来若干年人民币有很大的机会取代美元。① 中国特色社会主义伟大旗帜引领中国走过辉煌历程，高举这面伟大旗帜，中国必将奋勇前进，如期实现党的十八大提出的新目标，为中华民族伟大复兴打下更加坚实的基础。

旗帜凝聚力量。中国特色社会主义是全党上下和全国各族人民团结奋斗的旗帜。中国特色社会主义的生机与活力，已经让中国人民充分感受到了道路的正确、理论的先进、制度的优越，已经成为全党全国人民的共同信仰。第一，中国特色社会主义旗帜代表了新社会阶层的利益。根据相关数据，新社会阶层大约有5 000万人，加上在相关行业的所有从业人员，总人数约1.5亿人。他们掌握或管理着10万亿元左右的资本，使用着全国半数以上的技术专利，直接或间接地贡献着全国近1/3的税收，创造的产值占GDP的一半以上，每年吸纳着半数以上新增就业人员。新的社会阶层的形成不仅

① 参见马丁·雅克：《中国崛起促就世界新秩序》，见http：//www.guancha.cn/Martin-Jacques/2012_11_24_111217.shtml，2012-11-24。

仅是一种经济现象，而且是一种政治现象。它们伴随着中国特色社会主义的实践而产生，高度认同中国特色社会主义。第二，中国特色社会主义旗帜体现了在共产党的领导下，结成最广泛的爱国统一战线，实现了全国各阶层、各民族、各党派、各方面人士的大团结。爱国统一战线高举爱国主义、社会主义旗帜，团结一切可以团结的力量，调动一切积极因素，化消极因素为积极因素，为促进中国特色社会主义经济建设、政治建设、文化建设、社会建设和生态文明建设服务，为促进香港、澳门长期繁荣稳定和祖国和平统一服务。中国特色社会主义旗帜把全国所有力量凝聚了起来，拧成一条绳，奔向一个共同目标。

高举中国特色社会主义伟大旗帜，是中国共产党和中国人民面向未来的共同信念。高举这一旗帜，走出了中国特色社会主义道路。党的十八大报告指出，中国特色社会主义道路，就是在中国共产党领导下，立足基本国情，以经济建设为中心，坚持四项基本原则，坚持改革开放，解放和发展社会生产力，建设社会主义市场经济、社会主义民主政治、社会主义先进文化、社会主义和谐社会、社会主义生态文明，促进人的全面发展，逐步实现全体人民共同富裕，建设富强民主文明和谐的社会主义现代化国家。评价一个国家的发展道路是否正确，关键看两条：一是看这条发展道路是否适合自己，是否体现事物发展的规律和趋势；二是看这条发展道路是否体现了人民的利益和意志。

道路关乎党的命脉，关乎国家前途、民族命运、人民幸福。中国特色社会主义道路，是由中国近代社会面临的基本问题和历史任务决定的，是中国共产党和中国人民在长期实践中选择和开辟的道路。中国特色社会主义道路，是在中国彻底完成民族独立和人民解放历史任务之后，为了继续完成国家富强和人民富裕的历史任务开辟出来的。新道路的开辟是需要勇气和智慧的。当历史进入 20 世纪 70 年代，世界已发生深刻变化。和平与发展成为时代的主题，新科技革命以及全球化的迅速发展。而此时的中国刚刚从“文革”中走出来，“左”倾错误仍在影响和束缚着人们的头脑，前进的道路上出现了徘徊。面对世界发展大势和国内种种困局，“中国将向何处去?”邓小平以巨大的勇气鲜明地指出：“把马克思主义的普遍真理同我国的具体实际结合起来，走自己的道路，建设有中国特色的社会主义，这就是我们总结长期历史经验得出的基本结论。”从此，我们走上了一条崭新的中国特色社会主义之路，踏上了实现社会主义现代化的伟大征程。走中国特色社会主义道路，是中国共产党带领人民主动顺应历史趋势，并在承继下来的历史条件下经过长期实践选择和开辟的，是近代以来中国历史发展的必然结果。事实表明，中国特色社会主义道路是引领中国发展进步的唯一正确道路，只有这条道路而不是别的什么道路能够指引中华民族实现伟大复兴。

中国特色社会主义道路，是寻找国家富强、人民幸福的现代化之路，体现了中国最广大人民的根本利益，体现了中国人民共同的价值追求。中国特色社会主义道路，既坚持以经济建设为中心，又全面推进经济建设、政治建设、文化建设、社会建设、生态文明建设以及其他各方面建设；既坚持四项基本原则，又坚持改革开放；既不断解放和发展社会生产力，又逐步实现全体人民共同富裕、促进人的全面发展。经过30多年的发展，中国特色社会主义道路在实践中显示出强大的生命力和巨大的优越性，我国综合国力大幅提升，经济总量跃居世界第二，人民生活总体达到小康，有力地推进了中华民族的伟大复兴。这条道路之所以正确是因为它始终坚持人民主体地位和全心全意为人民服务的根本宗旨，始终坚持发展为了人民、发展依靠人民、发展成果由人民共享，将一切工作的出发点和落脚点立足于实现好、维护好、发展好最广大人民群众的根本利益。

总之，中国特色社会主义道路，既尊重了中国社会发展的客观规律性，又尊重人民的历史主体地位，体现合规律性和合目的性的辩证统一。中国特色社会主义道路本质上是一条后发国家逐步实现现代化的发展道路，是一条不同于西方资本主义传统发展模式的崭新道路，是一条适合中国国情、指引中国发展进步的光明道路。一些发展中国家陷入发展陷阱，不能获得持续发展，是“华盛顿共识”的破产；一些发展中国家依然一盘散沙，陷入战乱分裂，这都给了我们深刻的历史启迪。中国共产党坚持从中国国情出发，既不走封闭僵化的老路，也不走改旗易帜的邪路，遵循社会发展规律，带领中国人民历经几十年艰苦探索，历经挫折而确立的中国特色社会主义，不仅开辟了国家富强、人民幸福的发展大道，而且日益在世界上展示其巨大优越性。坚定不移地走中国特色社会主义道路，不仅是实现民族复兴、人民幸福的历史要求，也必然是对人类文明进步的独特而巨大的贡献。

二、既不走封闭僵化的老路、也不走改旗易帜的邪路

在建设中国特色社会主义事业的征程中，我们取得了举世瞩目的成绩，但也必须清醒地看到，我们工作中还存在许多不足，前进道路上还有不少困难和问题。这些不足和问题突出地表现在：“在中国特色社会主义的发展过程中，最为矛盾的一个认识和理论现象，莫过于不能理直气壮地把我们所取得的伟大成就，归功于党所领导的伟大事业；我们许多被实践证明是行之有效的做法、经验似乎没有理论上、政治上的‘合法性’。在西方的话语尺度和语汇中，社会主义市场经济不是市场经济，而是‘国家操纵’的非市场经济国家；中国特色社会主义民主政治不叫民主，而是专制政治；社会主义先进文化建设不是繁荣文化，而是意识形态操纵，等等。”[①] 面对指责，一部分党员干部和群众想退回到“封闭僵化的老路”上去，退回到

① 侯惠勤：《从“根本成就”上把握中国特色社会主义》，载《红旗文稿》，2012（22）。

没有改革、没有开放的僵化的社会体制上去，“老路”的典型之一是计划经济之路，其二是东欧社会主义国家的道路；另一部分党员干部一心向往西方，为西方马首是瞻，想走上改旗易帜的邪路，“邪路”的典型之一是新自由主义道路，其二是民主社会主义道路。这些“异端邪说”已经严重干扰了改革开放和中国现代化建设的大局，影响到了社会的团结与稳定。

中国的发展不可能回到过去，也不能回到过去；中国的发展不允许走上歧途，也绝不能走上歧途。前事不忘，后事之师。新中国成立以来的实践反复证明，走“封闭僵化的老路”和走“改旗易帜的邪路”，都是死路，在中国行不通，也走不下去，其教训更是惨痛而深刻的。“既不走封闭僵化的老路、也不走改旗易帜的邪路”，是辩证统一体，是保证中国特色社会主义沿着正确方向和目标前进的根本保证。

对于“老路”和“邪路”，党的十八大报告给出了有力回应：“只要我们胸怀理想、坚定信念，不动摇、不懈怠、不折腾，顽强奋斗、艰苦奋斗、不懈奋斗，就一定能在中国共产党成立一百年时全面建成小康社会，就一定能在新中国成立一百年时建成富强民主文明和谐的社会主义现代化国家。全党要坚定这样的道路自信、理论自信、制度自信！”“三个自信”显示了马克思主义执政党的最强底气，彰显了中国共产党在新的历史起点上将会举什么旗、走什么路、以什么样的精神状态走向未来。

在道路自信方面。“一面旗帜”和“两个不走”，彰显了中国的“道路自信”。党的十八大报告指出：“我们坚定不移高举中国特色社会主义伟大旗帜，既不走封闭僵化的老路、也不走改旗易帜的邪路。中国特色社会主义道路，中国特色社会主义理论体系，中国特色社会主义制度，是党和人民九十多年奋斗、创造、积累的根本成就，必须倍加珍惜、始终坚持、不断发展。”国内外的经验告诉我们，举什么旗，走什么路，关乎国家前途、民族命运、人民幸福，关系党和人民事业的生死存亡。中国特色社会主义道路是被实践证明了的、符合中国实际的道路。道路自信预示着中国共产党将沿着既定道路前行，既不走回头路，又拒绝西式的现代化道路。

在理论自信方面。理论关乎党的行动方向，关乎道路质量。党的十八大报告中强调中国特色社会主义理论体系是中国未来发展的指针，为我们更加坚定地走中国特色社会主义道路提供了强有力的思想指导，指明了前进的方向，必将成为凝聚人心、团结人民、团结社会力量的精神支柱和理论基础。美国《侨报》认为，中国特色社会主义理论体系，实际上已告别了阶级斗争理论，大大拓宽了中共的代表性，从一个革命党转型为执政党，并强调以人为本，全面、协调、可持续的发展观。这与现代文明的价值观、发展观是相通的。

在制度自信方面。道路是实现途径，理论是行动指南，制度是根本保障。一个国家和政党的宏伟目标能否实现，除了看其是否有科学的理论指导、切合实际的发展道路，还要看其作出怎样的制度安排，提供什么样的制度保障。这是因为，制度带有根本性、全局性、稳定性和长期性，制度问题关系党和国家的前途命运。中国特色社会主义制度包含着丰富的一整套制度体系，由根本层面的制度、基本层面的制度、具体层面的制度以及中国特色社会主义法律体系组成，不同层面的制度在中国特色社会主义制度体系中具有不同的地位和作用。它是全党和广大人民群众集体智慧的结晶，是中国继往开来不断取得伟大成就的根本保障，是被实践证明了的切合中国国情的制度设计。美国《侨报》认为，中国特色社会主义制度，“既是中国人民的集体创造，也在世界政治史上难以找到第二个模型。在西方式民主重重包围中，同样‘杀出了一条血路’。坚定制度的自信等于回答了此前海外热议的‘民主化’猜想”①。

“三个自信”建立在对待马克思主义的科学态度上，这就是要将

① 《坚定“三个自信”源于清醒》，载《侨报》，2012-11-09。

马克思主义基本原理和中国实际国情相结合，不断推进马克思主义中国化时代化大众化。从社会主义市场经济、到“三个代表”重要思想、再到科学发展观和社会主义和谐社会，均体现了中国共产党人对待马克思主义的科学态度，即既坚持又发展。坚持马克思主义基本原理，基本立场、观点和方法，同时又依据国情的变化、时代特征的变化不断地回答重大实践问题，创新和发展理论，不断开创马克思主义发展的新境界。

“三个自信”建立在改革开放以来的发展成就之上。改革开放以来尤其是近十年来，国内经历了风云变幻的坎坷和曲折路程，从“非典”到大范围洪涝灾害，从低温雨雪冰冻灾害到汶川特大地震，从席卷全球的国际金融危机到特大泥石流等严重自然灾害，一系列阻碍社会主义发展的困难摆在我们面前。然而，在党的领导下，我们众志成城，沉着应对，仍然获得了辉煌的成就。十年来，我国经济实现年均增长保持在 10.7%，经济总量跃居世界第二位，人均国内生产总值从 1 135 美元增加到 5 432 美元，进入中等偏上收入国家行列，粮食产量实现“九连增”，生态文明的理念日益融入经济社会发展的全过程。这一切成就都是中国共产党执政能力和合法性的充分体现。成就证明一切，这就是中国共产党的自信所在。

从发展中获得自信，在改革中坚定自信。“三个自信”，是中国共产党领导下的中国人民追求翻身解放、富强文明的精神成果，是中国人从“站起来”到“富起来”的精神状态写照。中国“富起来”不能自己乱了阵脚，学者张维为在《中国：不要自己打败自己》中指出，“如果中国自己乱了方寸，以为天要塌下来了，国将不国了，这也会自己打败自己。中国处在 1949 年以来最好的时候，也可以说是近 300 年来最好的时候，只要自己不打败自己，没有一种外部力量能够阻碍中国实现民族复兴的伟大目标”。坚持“三个自信”，才能做到既不妄自菲薄，也不妄自尊大；才能顽强奋斗、艰苦奋斗、不懈奋斗。同时，能否坚定“三个自信”，不仅是一个认识问题，而且是一个实践问题。党的十八大报告阐述的不仅仅是对中国特色社会主义道路、理论体系和制度的一种慎重评价，更是对中国特色社会主义伟大实践的一项庄严承诺。对人民群众来说，从历史来看，衡量我们如何对待这项承诺的，并不是我们说了什么，而是我们做了什么。“三个自信”为社会主义建设、为实现中国特色社会主义理想信念指明了实践的方向。

三、“八个坚持”：化理想为现实

理想之花灿烂，理想之果甘美，但要使理想开花结果，必须用辛勤的汗水来浇灌，为理想化为现实创造必要的主客观条件。党的十八大报告指出，在新的历史条件下夺取中国特色社会主义新胜利，必须牢牢把握以下基本要求，并使之成为全党全国各族人民的共同信念：必须坚持人民主体地位，必须坚持解放和发展社会生产力，必须坚持推进改革开放，必须坚持维护社会公平正义，必须坚持走共同富裕道路，必须坚持促进社会和谐，必须坚持和平发展，必须坚持党的领导。

必须坚持人民主体地位。这个对中国共产党总结 90 多年历史经验的真理性总结和规律性揭示，反映了中国共产党代表最广大人民根本利益的先进性，体现了中国共产党全心全意为人民服务的根本宗旨。马克思主义认为，人民，只有人民，才是创造历史的动力。没有人民主体地位，党的领导就没有群众基础；没有人民主体地位，改革开放就没有决定性力量；没有人民主体地位，维护社会公平正义就没有目标。坚持人民主体地位，就必须增强宗旨意识，相信群众、依靠群众、始终把人民放在心中的最高位置。最广泛地动员和组织人民依法管理国家事务和社会事务、管理经济和文化事业、积极投身社会主义现代化建设，更好保障人民权益，更好保证人民当家作主。

必须坚持解放和发展社会生产力。社会主义的本质，是解放生产力，发展生产力，消灭剥削，消除两极分化，最终达到共同富裕。社会主义初级阶段的主要矛盾是人民日益增长的物质文化需要同落后的社会生产之间的矛盾，因此，解放和发展社会生产力是中国特色社会主义的根本任务。解放社会生产力，就是根据我国所处的社会主义初级阶段的特征，推进改革开放，从根本上改变束缚生产力发展的经济体制；发展社会生产力，就是根据社会主义初级阶段的主要矛盾和主要任务，把党的工作重心转向经济建设，实现现代化。当前，要坚持以经济建设为中心，以科学发展为主题，全面推进经济建设、政治建设、文化建设、社会建设、生态文明建设，实现以人为本、全面协调可持续的科学发展。

必须坚持推进改革开放。我国过去 30 多年的快速发展靠的是改革开放，我国未来发展也必须坚定不移依靠改革开放。改革开放是中国特色社会主义的重要内涵，是坚持和发展中国特色社会主义的必由之路。我国要到 2020 年全面建成小康社会，到 21 世纪中叶基本实现社会主义现代化。实现这样的宏伟目标，必须更加自觉、更加坚定地推进改革开放。只有坚持改革开放，才能不断破除阻碍生产力发展的桎梏，加快实现国家富强和人民富裕；才能不断调整和完善社会主义的生产关系和上层建筑，为社会主义注入新的活力；才能使我们党始终保持与时俱进的精神状态，始终保持和发展党的先进性、纯洁性，提高党的执政能力，不断推进我国社会主义制度自我完善和发展。

必须坚持维护社会公平正义。公平正义是人类社会的理想追求，是中国特色社会主义的内在要求。中国特色社会主义的实践为实现社会公平正义奠定了制度基础。社会主义制度下的公平正义是让全社会的人都享有自我尊严，有实现个人理想的机会，有表达利益诉求的保障，有积极有序政治参与的通道，有享受就业、教育、医疗、文化等社会资源的权益。坚持维护社会公平正义，要在全体人民共同奋斗、经济社会发展的基础上，加紧建设对保障社会公平正义具有重大作用的制度，逐步建立以权利公平、机会公平、规则公平为主要内容的社会公平保障体系，努力营造公平的社会环境，保证人民平等参与、平等发展权利。

必须坚持走共同富裕道路。共同富裕是中国特色社会主义的根本原则。社会主义制度下的共同富裕，始终强调不仅要实现物质生活富裕，还要实现精神生活富裕，物质文明、精神文明和生态文明都要搞好。党的十八大报告中对实现共同富裕的未来走向，从宏观目标和战略部署两个方面做了论述，在宏伟目标上，重申了两个100年的目标，即到中国共产党成立100年时建成惠及十几亿人口的更高水平的小康社会，到新中国成立100年时建成富强民主文明和谐的社会主义现代化国家。在战略部署上，全面阐述了中国特色社会主义经济、政治、文化、社会、生态“五位一体”建设总格局，突出强调坚定不移坚持改革开放，坚定不移走科学发展道路，坚定不移推进社会主义和谐社会建设以及坚定不移走共同富裕道路。

必须坚持促进社会和谐。社会和谐是中国特色社会主义的本质属性。要把保障和改善民生放在更加突出的位置，努力使全体人民学有所教、劳有所得、病有所医、老有所养、住有所居。加强和创新社会管理，维护社会安定团结，正确处理改革发展稳定关系，团结一切可以团结的力量，最大限度增加和谐因素，增强社会创造活力，确保人民安居乐业、社会安定有序、国家长治久安。

必须坚持和平发展。和平发展是中国特色社会主义的必然选择。当今世界正在发生深刻复杂变化，和平与发展仍然是时代主题。世界多极化、经济全球化深入发展，文化多样化、社会信息化持续推进，科技革命孕育新突破，全球合作向多层次全方位拓展，新兴市场国家和发展中国家整体实力增强，国际力量对比朝着有利于维护世界和平方向发展，保持国际形势总体稳定具备更多有利条件。我国要坚持开放的发展、合作的发展、共赢的发展，通过争取和平国际环境发展自己，又以自身发展维护和促进世界和平，扩大同各方利益汇合点，推动建设持久和平、共同繁荣的和谐世界。

必须坚持党的领导。中国共产党是中国特色社会主义事业的领导核心。新形势下，党面临的执政考验、改革开放考验、市场经济考验、外部环境考验是长期的、复杂的、严峻的，精神懈怠危险、能力不足危险、脱离群众危险、消极腐败危险更加尖锐地摆在全党面前。不断提高党的领导水平和执政水平、提高拒腐防变和抵御风险能力，是党巩固执政地位、实现执政使命必须解决好的重大课题。“四大考验”和“四大风险”要求我们要坚持立党为公、执政为民，加强和改善党的领导，坚定理想信念，坚守共产党人精神追求；坚持以人为本、执政为民，始终保持党同人民群众的血肉联系；积极发展党内民主，增强党的创造活力；深化干部人事制度改革，建设高素质执政骨干队伍；坚持党管人才原则，把各方面优秀人才集聚到党和国家事业中来；创新基层党建工作，夯实党执政的组织基础；坚定不移反对腐败，永葆共产党人清正廉洁的政治本色；严明党的纪律，自觉维护党的集中统一。

实干兴邦，空谈误国。道路已经开通，坚冰已经打破，在建设中国特色社会主义的伟大实践中，我们已经找到了一条通往理想彼岸的正确途径。“只要我们胸怀理想、坚定信念，不动摇、不懈怠、不折腾，顽强奋斗、艰苦奋斗、不懈奋斗，就一定能在中国共产党成立一百年时全面建成小康社会，就一定能在新中国成立一百年时建成富强民主文明和谐的社会主义现代化国家。全党要坚定这样的道路自信、理论自信、制度自信！”

图书在版编目（CIP）数据

为什么要信仰共产主义/王向明著．—北京：中国人民大学出版社，2012.11
ISBN 978-7-300-16745-9

Ⅰ.①为… Ⅱ.①王… Ⅲ.①共产主义思想教育-中国 Ⅳ.①D648

中国版本图书馆 CIP 数据核字（2012）第 284018 号

为什么要信仰共产主义
王向明 著
Weishenme yao Xinyang Gongchanzhuyi

出版发行	中国人民大学出版社		
社　　址	北京中关村大街 31 号	**邮政编码**	100080
电　　话	010－62511242（总编室）		010－62511398（质管部）
	010－82501766（邮购部）		010－62514148（门市部）
	010－62515195（发行公司）		010－62515275（盗版举报）
网　　址	http://www.crup.com.cn		
	http://www.ttrnet.com(人大教研网)		
经　　销	新华书店		
印　　刷	北京中印联印务有限公司		
规　　格	170 mm×240 mm　16 开本	**版　　次**	2013 年 1 月第 1 版
印　　张	7.25 插页 1	**印　　次**	2013 年 2 月第 2 次印刷
字　　数	86 000	**定　　价**	25.00 元